INHALT

Karten und Pläne
Schleswig-Holstein: Klappe vorne; **Kiel:** Klappe hinten; **Lübeck:** Umschlag Rückseite; **Flensburg:** S. 34; **Schleswig:** S. 48; **Eutin:** S. 62

Der Ostküste Schleswig-Holsteins fehlt das rauhe Element. Die Ostsee ist ein mildes Meer – und die Landschaft eine sanftgeschwungene Idylle.

Schleswig-Holstein wird von seinen Küsten geprägt. Das Meer nimmt das Landstück, an seiner schmalsten Stelle keine dreißig Kilometer breit, in die Zange und hinterläßt seine Spuren im Sand. Die Nordsee, der Blanke Hans, wie ihn der Dichter **Detlev von Liliencron** sah, hat sich im Laufe der Jahrtausende mit Gewalt genommen, was sie haben wollte – und der Mensch war machtlos. Die Ostsee dagegen hat sich immer eine gewisse jungfräuliche Unschuld bewahrt. Vielleicht konnte deshalb der dänische Dichter **Hans Christian Andersen** von der Ostseeinsel Fynen seine einfühlsamen Märchen schreiben, während **Theodor Storm** den rauhen Schimmelreiter den Elementen entgegenstellte (ein ungleicher Kampf, den natürlich das Meer für sich entschied). Keine wilden Wellen stoßen sich im Osten an einsamen Gestaden, Deiche wurden nur gebaut, um die Flüsse daran zu hindern, das Land zu überschwemmen, und Sturmfluten sind an den Küsten der Ostsee unbekannt. Daß sich die Natur

Über gelbem Rapsmeer erhebt sich der Leuchtturm von Fehmarn

trotzdem dann und wann gegen das phlegmatische Idyll verwahrt und zeigt, was in ihr steckt, läßt sich an den Steilküsten ablesen, die im Osten Schleswig-Holsteins von der Mini-Steilküste von Holnis in der Flensburger Förde bis zum Brodener Ufer bei Travemünde manchmal bis zu 20 Meter tief abfallen. Vor allem in den Wintermonaten nagen die Ostseewellen am schönen Ostseestrand, und dann und wann erreicht die Brandung die Küste und reißt ein Stückchen Weide in die Tiefe. Aber trotz allem: Die Ostküste Schleswig-Holsteins ist kein rauhes Land, das belegt die Siedlungsgeschichte. Als sich im Westen die Menschen noch verzweifelt gegen die anbrandende See mit ihrer ungeheuren zerstörerischen Energie zu wehren versuchten, war im Osten langsam, aber unaufhaltsam eine Adelskultur dabei, aus dem Land eine blühende Kulturlandschaft zu machen. Im Westen deichten die Friesen, im Osten siedelten die Wenden und bauten ihre ersten Burgen. Und auch die Christianisierung der Heiden begann im Osten, ein Ereignis, von dem noch immer die zahlreich erhalten gebliebenen Feldsteinkirchen zeugen.

Die Wikinger sind los – Wikingertage in Schleswig

Grafenland und Herrenhaus

Vor allem im 17. und im 18. Jahrhundert, als die **schleswig-holsteinischen Herzöge** noch in Gottorf bei Schleswig residierten und das Schloß zu einem Zentrum der europäischen Kultur ausbauten, blühte das Land auf. Von dem Barockgarten, der sich einst hinter dem Schloß terrassenförmig in die Landschaft geschoben hatte und der in Nordeuropa damals seinesgleichen suchte, sind heute aber leider nur noch ein paar versprengte Reste erhalten. In Ostholstein, diesem Wald-, Seen- und Wiesenlandstrich zwischen Lübeck im Süden und Kiel im Norden, erlebte die Kultur eine Gründerzeit, wie sie das Land eigentlich bis heute nicht mehr gesehen hat. In Ostholstein, dem Grafenland, entstanden im 17. und 18. Jahrhundert an die einhundert Guts- und Herrenhäuser, von denen die meisten erhalten geblieben sind. Allerdings trübt das Vergnügen ein Wermutstropfen: Weil sich die meisten Herrenhäuser in Privathand befinden, ist dem Publikum oft der Zutritt verwehrt. Wer sich also für die Adelskultur interessiert, die zum Beispiel mit dem **Emkendorfer Kreis** um die Gräfin Reventlow auf Gut Emkendorf bei Rendsburg einen literarischen Zirkel hervorgebracht hat, der zu den bedeutendsten in Deutschland dieser Jahre zählte, wird sich höflich vor seinem Besuch anmelden oder verzichten müssen. Der Geldadel läßt sich wie eh und je eben nicht gerne in die Karten und schon gar nicht auf seine schönen Rokoko- oder Empire-Möbel schauen. Einem Mann wie Justus Frantz ist zu verdanken, daß jedenfalls im Sommer ein paar Güter das Volk einlassen. Immer wenn beim **Schleswig-Holsteinischen Musikfestival**, das sich inzwischen einen internationalen Ruf erspielt hat, die Flötentöne geblasen werden, öffnen sich die Gutstore und alles vergnügt sich in ehemaligen Scheunen und ausgebauten Ställen.

Wirtschaft gestern: die Hanse

Der Osten Schleswig-Holsteins, das war schon immer so, ist im Vergleich zum armen Vetter an der Westküste reich und konnte sich die Kultur leisten. Aber natürlich haben auch die natürlichen Gegebenheiten eine Rolle gespielt. **Haithabu**, die sagenhafte Wikingersiedlung bei Schleswig, existierte ja nicht von ungefähr an der geschützten Schlei. Flensburg, Schleswig, Eckernförde, Kiel, Lübeck, sie alle verdanken

ihre Gründung der ruhigen – und damit gefahrlos schiffbaren – Ostsee. Das gleiche gilt natürlich für die **Hanse**, dem bedeutendsten Wirtschaftsbund des Mittelalters. Die Ostküste wird von den Städten der Hanse geprägt. Zwischen ihnen dehnt sich das flache Land, das im Gegensatz zur Westküste mit einigen Hügeln aufwarten kann. Die Flöruper Berge bei Flensburg, die Hüttener Berge bei Eckernförde und natürlich die sanft geschwungene Landschaft der Holsteinischen Schweiz, das alles ist späte Hinterlassenschaft der letzten Eiszeit und hat seinen ganz besonderen Reiz. Von wegen »plattes Land«, in Ostholstein geht es mächtig zu Berge und einmal sogar in die gewaltige Höhe von 166 Metern: Der Bungsberg ist die höchste Erhebung des ganzen Landes.

Feste, feucht und fröhlich

Natur ohne Kultur, das ist an der Ostseeküste nicht vorstellbar. Die meisten Städte sind älter als siebenhundert Jahre, Lübeck feierte sogar seinen 850. Geburtstag. Auch sonst finden im kühlen Norden über das Jahr hin viele Feste statt. In den letzten Jahren hat man sich in den Stadtkämmererstuben und bei den Behörden im Land einige Gedanken gemacht und an alte Traditionen angeknüpft. In Flensburg, der Rum-Stadt, die vor 200 Jahren noch über 200 Segler unter Wind hatte und damit die größte Handelsflotte des dänischen Reiches

stellte, geht in jedem Jahr die **Rum-Regatta** über die Förde. Schleswig feiert, wie könnte es anders sein, Wikingerspiele, Kiel verwandelt sich jedes Jahr zur **Kieler Woche** in eine lebenslustige Weltstadt, und Lübeck darf für sich in Anspruch nehmen, mit dem alle zwei Jahre veranstalteten Altstadtfest das größte Gelage des Landes auszurichten.

Museumslandschaft Schleswig

Vergessen wir hier nicht die Museen. Lange Jahre dämmerten die rund hundert Museen Schleswig-Holsteins ruhig vor sich hin. Dann startete das Landesmuseum in **Gottorf** als federführende Institution zusammen mit der Kieler Landesregierung eine Kulturoffensive, die aus den häßlichen Entlein stolze Schwäne

machte. Jetzt verfügt das Land über eine Reihe moderner Museen, die nicht mehr nur von den obligaten Schulklassen besucht werden. Die drücken sich natürlich auch heute noch vor der berühmten Schleswiger Moorleiche die Nase platt. Das bedeutendste Museum in Schleswig-Holstein ist selbstverständlich das Landesmuseum in Gottorf mit seinen Dependancen in Haithabu und Cismar an der Lübecker Bucht, aber einen Besuch lohnen auch das noch junge Schiffahrtsmuseum in Flensburg, die Kieler Kunsthalle mit ihrem Neubau und in Lübeck natürlich das 1993 neueröffnete Thomas-Mann-Haus. Aber was ist Kunst ohne Brot, oder anders gefragt, wovon lebt eine Region, von der es noch vor nicht allzulanger Zeit hieß, sie sei das Armenhaus Deutschlands (noch vor der Wende 1989)?

Am besten geht´s mit dem Fahrrad zum Strand

WILLKOMMEN AN DER OSTSEEKÜSTE SCHLESWIG-HOLSTEINS

Wirtschaft heute

Schleswig-Holstein ist ein modernes Industrieland, das den großen Vorteil hat, ohne Schwerindustrie auszukommen. Die **Landwirtschaft** bestimmt zwar das Gesicht der Landschaft, aber sie spielt schon lange nicht mehr die Hauptrolle. Dienstleistungen im allgemeinen und der Tourismus im besonderen, davon lebt das Land und besonders die Ostseeküste, die zentrale Ferienregion Schleswig-Holsteins. Der Fisch, der eigentlich so etwas wie das Maskottchen des Landes sein müßte und in allen Variationen auf den Tisch kommt, wird in der Hauptsache nicht mehr von einheimischen Fischern gefangen. Die **Seefahrt** und besonders die Fischerei an der Küste ernährt nur noch ein paar Fischer in Schleswig, Kappeln, Eckernförde, Kiel und Lübeck, ansonsten werden die Bootsmotoren nur noch für Angelpartien angeworfen. Selbst die Kieler Traditionswerft HDW (Kieler Howaldts Werft), auf der zu Kaisers Zeiten die dicksten Pötte vom Stapel liefen, muß sich mit U-Booten für Chile herumärgern. Aber es gibt sie immer noch, die kleinen Räuchereien, in denen der Fisch frisch aus dem Rauchfang zu haben ist, und wenn irgendwo Kutterscholle auf der Speisekarte steht, ist das nicht zu verachten. Trotz aller Tendenz der Städte, sich auszubreiten, hat der Osten Schleswig-Holsteins bis heute sein Gesicht bewahren können. Aber: Lübeck wächst seit der Wiedervereinigung noch ungebremster ins Umland, dasselbe gilt für Kiel, das seine städtischen Krakenarme ins Land wirft. Je weiter man in den Norden kommt, um so ruhiger wird es. Schleswig und Flensburg sind nicht unbedingt Boomtowns, die Bevölkerungsdichte nimmt deutlich ab, der Erholungswert dagegen ständig zu. Der Norden im Osten war lange Jahre Entwicklungsland, und wenn jetzt auch noch die Bundeswehr wie angekündigt ihre Kasernen an Förde und Schlei zu einem Großteil räumt, wird es noch ruhiger. Das werden die Bürgermeister der beiden Städte und der kleinen Gemeinden auf dem Land wahrscheinlich gar nicht gerne hören, für den Urlauber allerdings bedeutet dies Natur und Kultur pur.

Von Trollen und Geistern

Vom Norden in den Süden, zur Holsteinischen Schweiz. Der Landstrich verdankt seinen Namen einem Hotelier, der um die Jahrhundertwende in Anzeigen für sein Hotel gleichen Namens warb. Seitdem hat die Holsteinische Schweiz ihren Namen weg, der Fremde immer noch irritieren kann. Wo sind denn die Berge, wo die Täler, wird der Einheimische immer wieder gefragt. Berge, wird die Antwort sein, brauchen und wollen wir nicht. Wir haben unsere Seen. Gemeint sind die mehr als zwanzig Seen der Holsteinischen Seenplatte, die der Landschaft um Eutin ihren ganzen Charme verleihen.

Ernst Barlachs Bettler vor dem Dom in Ratzeburg

Arkadien des Nordens hat der Maler **Johann Tischbein d. Ä.** diesen Landstrich genannt. Eine Umschreibung, mit der gleichermaßen die Landschaft als auch das kulturelle Leben gemeint war. Denn am Musenhof der Eutiner Fürsten hat schon **Johann Voß** die Odyssee Homers ins Deutsche übertragen. Im Plöner Schloß, sozusagen gleich um die Ecke, ließ der letzte deutsche Kaiser, Wilhelm II., seine beiden Söhne auf größere Aufgaben vorbereiten, die ihnen dann aber doch erspart geblieben sind. Kann das alles Zufall sein? Aus den geheimnisvollen Tiefen des Uklei-Sees sollen manchmal bei Mitternacht, wenn Vollmond ist, Geister auftauchen, und in den Wäldern sollen Trolle ihr Unwesen treiben. Soll glauben, wer will, aber eines steht fest: Manchmal hat diese eigenartige Landschaft mit ihren stillen Seen und schimmernden Buchenwäldern etwas Märchenhaftes, das alle Zeiten zu überdauern scheint.

Kantig und liebenswert: die Menschen zwischen den Meeren

Der Schleswig-Holsteiner nimmt solche Ansichten gelassen zur Kenntnis. Dem Holsteiner wird gerne nachgesagt, er sei nachgerade von einer gewissen Sturheit. Das kann wohl sein, so ganz ist der Charakter des Schleswig-Holsteiners noch nicht erforscht worden. Denn im Grunde gibt es den Schleswig-Holsteiner überhaupt nicht. Was hat ein Dithmarscher Bauernschädel mit einem Holsteiner Gutsherren gemein, was verbindet einen nordfriesischen Schäfer mit einem Flensburger Rumfabrikanten? Ziemlich wenig, wenn man einmal davon absieht, daß sie sich gegenseitig die Sturheit unterstellen, von der sie bei sich selbst natürlich nichts wissen wollen. Da passen schon eher Angeliter, also die Bewohner Angelns, und die Ost-Holsteiner zusammen. Soviel kann gesagt werden: Bei-

LESETIP

MERIAN Schleswig-Holstein. Die MERIAN-Redaktion hat sich in ihrem aktuellen Heft über Schleswig-Holstein an die bewährte Mischung gehalten. Ein bißchen Historie, ein bißchen Klatsch und Tratsch und ein bißchen Hintergrund. Für Einsteiger in das Thema Schleswig-Holstein ist das Heft mit seiner Fülle von Informationen gut geeignet. Der Kenner wird vieles wiederfinden, was er schon einmal gesehen hat.

de pflegen eine gewisse Zurückhaltung, die jede ungestüme Annäherung erst einmal im Keim erstickt. Es braucht seine Zeit, bis das Eis gebrochen ist, denn der Schleswig-Holsteiner ist vor allem eines besonders gerne: unter seinesgleichen. Allerdings darf man sich von einer gewissen Ruppigkeit, die Holsteiner wie Schleswiger nicht ganz ohne Absicht zur Schau tragen, nicht abschrecken lassen. Beständigkeit zählt. Bangemachen gilt nicht.

Geschäfte der Politik

Ach ja, die Politik. Seit 1945 ist Kiel Landeshauptstadt, davor wurde das Land von Schleswig aus verwaltet (vor 1864 war Kopenhagen die Hauptstadt des Landes), mit einem Wort, die Gewalt ging immer vom Osten aus. In letzter Zeit war Kiel sogar für einige politische Aufregung gut, erst die Barschel-Affäre und dann, gewissermaßen als Fußnote, die späte Einsicht des damaligen Ministerpräsidenten Schleswig-Holsteins und Kanzlerkandidaten der SPD, Björn Engholm, die ihn das Amt kostete. Der Mann hatte mehr verschwiegen, als gut war. Jetzt wird das Land von einer Frau regiert. Heide Simonis wurde im Mai 1993 die erste Ministerpräsidentin des nördlichsten Bundeslandes. Jetzt wird pragmatisch regiert, der Blick geht von Kiel in den Ostseeraum hinüber zu den baltischen Staaten. Das also ist der Osten Schleswig-Holsteins, Märchenland und Regierungszentrale, Kulturland und Industriegebiet. Daß das alles zusammengeht, macht den Reiz dieses Landes aus. Manchmal ergänzen sich Gegensätze eben doch.

Mit vollen Netzen zurück in den Hafen von Maasholm

m Osten sind die Wege kurz und die Straßen gut ausgebaut. Überall wird fleißig an Umgehungsstraßen gebaut, und manchmal ist es des Guten schon zuviel.

Mit dem Auto

Wer mit dem Auto eine Küstenfahrt unternehmen will, braucht ein bißchen Zeit. Zwar sind die großen Städte alle über die Autobahnen zu erreichen, eine Fahrt von Hamburg nach Flensburg auf der A 7 dauert ungefähr 90 Minuten, aber die Bundesstraßen an den Buchten und Förden lassen keine flotte Fahrt zu. Die A 1 von Lübeck nach Puttgarden, die der Vogelfluglinie folgt, ist zwar bis zur Hansestadt dreispurig ausgebaut, dann aber wird es zweispurig. Das kann im Sommer schon mal zu einem kräftigen Stau führen, besonders natürlich wenn die Urlaubswellen anbranden. Aber auch die Gewohnheit vieler Hamburger, am Timmendorfer Strand zu surfen, um dann am Abend die Autobahn zu verstopfen, führt zu lästigen Begleiterscheinungen. Ansonsten werden die Bundesstraßen zügig ausgebaut, mit Behinderungen wird aber wohl auch noch in den nächsten Jahren zu rechnen sein, das gilt insbesondere für die Strecke von Lübeck nach Kiel.

Zollfrei Einkaufen – Butterfahrt auf der Ostsee

Mit dem Zug

Die Bundesbahn meint es nicht allzugut mit dem hohen Norden, auch im Osten nicht. Im Winter kann es schon einmal passieren, daß nach 22 Uhr kein Zug mehr von Hamburg nach Flensburg fährt. Von Kiel oder Eckernförde gar nicht zu reden. Die Bemühungen der Bahn konzentrieren sich vor allem auf den Nahverkehr und hier besonders auf die Zeiten, in denen der Berufsverkehr bedient werden will. Daß unter diesen Voraussetzungen auf die Ausstattung der Züge nicht unbedingt der größte Wert gelegt wird, ist deutlich zu merken. So paradox es auch klingen mag, die Bundesbahn scheint im Flächenland Schleswig-Holstein darauf zu setzen, daß sich jeder um sein eigenes Fortkommen schert und sich dabei nicht auf die Bahn verläßt. Also: Wer sich auf die Bahn verläßt, ist verlassen. Besserung ist vielleicht in Sicht. Die Strecke Hamburg-Flensburg wird elektrifiziert, das heißt, daß sich auch einmal ein ICE in den hohen Norden verirren könnte.

Mit dem Schiff

Die traditionellen Butterfahrten, mit denen Flensburger Reedereien in den achtziger Jahren gute Geschäfte machten, sind vorbei, seit die EU ihren Einspruch geltend machte. Seitdem gibt es nur noch die kleine Ration, und die reizt nur noch notorische Butterfahrer. Dänemark wird von Flensburg, Gelting, Kappeln und Eckernförde aus angesteuert, Kiel ist neben Travemünde der Verbindungshafen zu den übrigen skandinavischen Ländern. Von Kiel geht es auch inzwischen in die baltischen Staaten und ins ehemalige Königsberg. In jedem Hafen bieten Kutterfahrer ihre Dienste an, mit denen man auf die See fahren kann, um Makrelen oder Heringe zu angeln.

Mit dem Flugzeug

Wer fliegen will, wird es schwer haben, einen entsprechenden Landeplatz zu finden. Der Flughafen von Flensburg ist zur Zeit geschlossen und soll womöglich zu einem Wohnungsgebiet umfunktioniert werden. In Kaltenkirchen vor den Toren Hamburgs wird wohl doch kein neuer Großflughafen entstehen, und so bleibt nur der Kieler Airport, klein, aber fein und gerne genutzt von der Kieler Polit-Prominenz für Kurz-Trips nach Bonn. Von Kiel kann jedermann auch per Linienflug nach Westerland fliegen. Das ist allerdings ein kurzes Vergnügen.

Ob man mit dem Fahrrad durch Rapsfelder radelt oder mit dem Boot die Ostseeküste entlang schippert – jeder kommt auf seine Kosten.

Der Verkehr hält sich noch einigermaßen in Grenzen. Ausgenommen werden muß allerdings der Verkehr zwischen Schleswig-Holstein und Mecklenburg-Vorpommern, der gerade um Lübeck und Ratzeburg oft chaotisch ist. Die Einheimischen zählen in der Regel nicht zu den wildesten Fahrern, was aber nicht unbedingt für die Jugend auf dem Lande gilt: An Wochenenden ist wie überall Sturm-und-Drang-Zeit. Abends fahren Busse nur noch sporadisch, über die Bahn ist Passendes schon an anderer Stelle gesagt worden.

Fahrrad

Es gibt kaum ein größeres Vergnügen, als zur Rapsblüte durch die gelben Felder zu radeln. Abseits der Bundesstraßen ist auch das Netz der kleineren Straßen sehr gut ausgebaut, und auch wer mit Kindern unterwegs ist, muß nicht befürchten, von rücksichtslosen Autofahrern von der Straße gedrängt zu werden. In der Regel gilt: Der direkte Zugang zum Strand wird meist von einer sehr befahrenen Straße begrenzt. Wer sich dagegen ein

Mit der Fähre über die Schlei bei Missunde

paar Kilometer ins Landesinnere orientiert, und das gilt gleichermaßen für die Lübecker Bucht wie die Landschaft Angeln, wird seine Ruhe haben. Selbst die Wanderwege lassen in der Regel das Fahren mit dem Fahrrad zu, allerdings sollte man sich nur im Sommer auf diesen Pfaden bewegen, weil sonst der Matsch bis zu den Knien spritzt, wenn es einen nicht sogar vom Rad reißt. Ganz neu ist der Versuch, an Ortsein- und -ausgängen die Straße zu verengen, um so dem Verkehr die Geschwindigkeit zu nehmen. Wahrscheinlich wird auch dieser Versuch der Verkehrsberuhigung zum Scheitern verurteilt sein, zumal der gebremste Autofahrer, auf freier Strecke, seinen aufgestauten Aggressionen freien Lauf lassen kann, und das heißt für Fahrradfahrer: Vorsicht! Vielleicht noch dieses: Da es im Land jede Menge Wasserstraßen gibt, ist auch der Fährverkehr einigermaßen ausgeprägt. Aber der Mensch, der sein Heil zu Fuß und abseits der großen Wege sucht, wird Ruhe und Abgeschiedenheit finden, und er muß nicht einmal lange danach suchen. Oft führen Wege direkt an den Küsten entlang, die nur zu Fuß zu bewältigen sind. Nicht einmal Fahrradfahrer schaffen überall den Kurs hart am Wind.

Segeln

Segeln kann man natürlich auch auf den Seen. Und wer sich auf diesem Weg einen Teil der Landschaft erschließen will, kann damit rechnen, daß das Wasser in der Regel auch bei stärkeren Winden keine Kapriolen schlägt. Und Hafen für Freizeitsegler sind genügend vorhanden. Allerdings sollte man sich besonders in der Hauptreisezeit rechtzeitig um einen Liegeplatz kümmern.

DER BESONDERE TIP

Von **Ratzeburg** aus, der alten Domstadt, beginnt eine der schönsten und erholsamsten **Schiffahrten**, die das Holsteiner Binnenland zu bieten hat. Von hier aus kann man eine Tour über die Seenplatte unternehmen. Die Schiffe fahren bis nach Lübeck und halten unterwegs immer wieder an. Es empfiehlt sich, Fahrräder mitzunehmen, dann kann man an den Seen entlang zum Ausgangsort zurückfahren. Ablegestelle, Auskunft Tel. 0 45 41/80 00 81

Preiswerte Pension oder komfortables Hotel? Seeblick oder Blick auf eine beschauliche Landschaft? Für jeden ist etwas dabei – auch für jeden Geldbeutel.

Man kann sich verwöhnen lassen oder in preiswerten **Familienpensionen** unterkommen. Es gibt kleine Häuser, in denen der Hotelier am Morgen den Schlüssel aushändigt und am Abend in der Küche steht, um die Rote Grütze fertigzumachen, nicht zu vergessen die fast schon gewaltig zu nennenden **Großraumhotels** wie zum Beispiel in Travemünde, Spielcasino im selben Haus. Jeder Geschmack wird bedient, jeder kann nach seinem Bankkonto selig werden. Wenn noch vor einigen Jahren die Ho-

tellerie etwas verschlafen wirkte, so hat sich das entscheidend verändert. Saison ist inzwischen fast das ganze Jahr über, und das heißt für den Erholungssuchenden nichts anderes, als rechtzeitig zu buchen. Der Service in den Hotels hat sich allerdings eine gewisse bäuerliche Eleganz bewahrt, will heißen, das ganz große Nobelhotel mit dem großen Namen hat das Land nicht zu bieten. Wer sich allerdings die Mühe macht und das Besondere sucht, der wird es auch finden. Inzwischen haben

Luxus am Ostseestrand – Intermar Hotel in Malente

die Preise doch recht stark angezogen, ein Doppelzimmer unter 120 DM ist kaum noch zu finden, es sei denn, man übernachtet in einer Pension. Die neueste Tendenz zeigt, daß **Landhotels** wieder groß in Mode kommen. Der streßgeplagte Großstadtmensch sucht Ruhe und Entspannung und möchte das Gedröhn der Motoren wenigstens für einige Stunden vergessen können. Deshalb haben sich einige Häuser der gehobenen Klasse etablieren können, meistens an schön gelegenen Seen errichtet oder hübsch in die Landschaft gesetzt. Aber Vorsicht vor Gruppenreisen. Immer mehr Hotels mit angeschlossener Gastronomie scheinen Busgesellschaften geradezu magisch anzuziehen, eine wahre Bedrohung für jeden Einzelreisenden und eine Plage für verliebte Pärchen. Da hilft nur eines: ab in den nächsten Dorfkrug und Schnitzel mit Pommes bestellen. Etwas anderes werden Sie auch kaum bekommen.

Wer aber trotzdem auf seinen Aal grün oder ein richtig gutes Steak nicht verzichten will oder kann, muß nicht verzweifeln. Überall im Land haben sich nach der Devise klein aber fein Häuser auf den gehobenen Gast eingerichtet, der sich seinen Urlaub etwas kosten lassen will. In der Regel ist hier der Wohnkomfort mit einer entsprechend gutbürgerlichen bis erlesenen Gastronomie gekoppelt. Man muß ein bißchen suchen, aber es lohnt sich (meistens).

Hotels sind bei den einzelnen Orten im Kapitel »Sehenswerte Orte und Ausflugsziele« näher beschrieben.

Preisklassen
Die Preise gelten für eine Übernachtung im Doppelzimmer für zwei Personen ohne Frühstück.
Luxusklasse: über 200 DM
Obere Preisklasse: bis 200 DM
Mittlere Preisklasse: bis 150 DM
Untere Preisklasse: bis 100 DM

DER BESONDERE TIP

Schlie-Krog in Sieseby an der Schlei. Die regionale Küche kennt durchaus ihre Höhepunkte: der Schlie-Krog in dem hübschen Schleidorf Sieseby zählt seit Jahren dazu. Hier werden regionale Spezialitäten auf eine Weise zubereitet, daß Kenner immer wieder kommen und das Haus mit Stammgästen gesegnet ist. Für Reisende, die übernachten wollen, gibt es zwei Appartements. Rechtzeitig buchen. Tel.: 0 43 52/25 31, Mittlere Preisklasse, Dorfstraße 19 ■ C 2

Fisch und Fleisch, das sind die Pole, um die die Küche an der Küste kreist. Wer sucht, wird Qualität finden, wer nur satt werden will, findet auch sein Glück.

Essen ist in Schleswig-Holstein immer eine eher deftige Angelegenheit gewesen. Das wird nicht zuletzt an dem rauhen Klima liegen und natürlich an dem vielen Regen, dem niemand entkommen kann. Wer einmal so richtig in einen Herbststurm geraten ist und mächtig durchgefroren nach Hause kommt, wird einen heißen Punsch oder einen steifen Grog zu schätzen wissen. Und beide Getränke wird man an der Küste in fast jeder Kneipe bestellen können. Aber erst einmal zurück zur festen Nahrung. Traditionell wird die Küche des Landes von der Landwirtschaft bestimmt – und natürlich vom Fischfang. Daran hat sich im Grunde bis heute nicht viel geändert. Vielleicht mit einer Ausnahme. Noch bis weit in die siebziger Jahre hinein wurde der Fisch, der an der Küste auf den Tisch kam, auch tatsächlich von schleswig-holsteinischen Fischern gefangen. Das trifft heute nur noch selten zu. Kutterscholle kommt nicht immer unbedingt frisch auf den Tisch, auch wenn sie noch so angepriesen wird. Nicht zuletzt die hohen Belastun-

Plauderei bei Kaffee und Kuchen auf dem Marktplatz in Lübeck

gen der Ostsee haben dazu geführt, daß Einheimische ein wenig vom Fisch Abstand genommen haben. Inzwischen hat sich auch die Forelle, früher eher eine seltene Delikatesse, auf den Speisezetteln etablieren können. Der Hering, der Fisch der armen Leute, hat sich ebenfalls gehalten, aber die Qualität schwankt manchmal doch sehr. Wer etwas ganz Spezielles sucht, kann sich an Kieler Sprotten halten, die immer noch nach altem Muster geräuchert werden und eigentlich Eckernförder Sprotten heißen müßten, weil sie dort hergestellt werden.

Die Krabben werden schon
auf dem Kutter gekocht

Deftiges Allerlei aus Fleisch und Gemüse

In erster Linie ist Schleswig-Holstein jedoch Fleischland. Das sieht man schon daran, daß dem Schinken, also geräuchertem Schweinefleisch, eine gewaltige Verehrung entgegenschlägt. Überall im Land werden die Schinken in kleinen Katen geräuchert, aber aufgepaßt: Nicht immer wird das Fleisch so behandelt, wie es sein müßte, und so mancher Schinken soll schon fitgespritzt worden sein, damit er nicht so lange im Räucherfang hängen muß. Das Schwein zählt besonders in Angeln zu den Grundnahrungsmitteln, daran hat auch die Diskussion um artgerechte Haltung und Fütterung dieses Allesfressers nichts geändert. Wer in Angeln zeigen will oder muß, daß es ihm gutgeht, der lädt zu zweierlei Fleisch, Rind und Schwein, und allerlei Gemüse. Bei größeren Festlichkeiten kommt **Angler Muck** auf den Tisch, eine gefährliche Mischung aus Korn und hellem Sprudel. An etwas ruhigeren Tagen kommt **Schnüsch** auf den Tisch, eine Art Gemüsepfanne. **Birnen, Bohnen und Speck** heißt ein anderes Traditionsgericht, das man aber leider auf den meisten Speisekarten vergeblich sucht. Denn die Gastronomie im Lande strebt nach Höherem. Dabei hat sich der Einfluß der Nouvelle Cuisine verheerend auf die traditionelle Küche ausgewirkt. Denn leider sind mit den fetttriefenden Tellergerichten auch viele regionale Zubereitungsarten von den Karten verschwunden. Erst in der jüngsten Zeit setzt wieder die Besinnung auf das Althergebrachte

Unter alten Schiffsmodellen schlemmen – »Schiffergesellschaft« in Lübeck

ein, mit dem Vorteil, daß viele Gerichte eine leichte Verfeinerung erfahren haben.

Zu einem guten Essen gehört natürlich das passende Getränk, ein schwieriges Kapitel. Der Norddeutsche im allgemeinen ist nicht gerade ein Weintrinker, von Weinkennerschaft ganz zu schweigen. Restaurants mit guten Weinkarten sind demzufolge dünn gesät, auch wenn schon Besserung eingetreten ist. Ansonsten wird Bier getrunken, in Flensburg und Umgebung natürlich das **Werner-Bier** mit dem Bügelverschluß. Aus Flensburg kommen auch diverse Rumsorten und ein Aquavit mit Namen **Bommerlunder**. Lübeck war früher die Weinstadt des Nordens, aber von dem großen Ruf ist nur noch der **Rotspon** geblieben, ein Wein mittlerer Kategorie, für den Lübeck einmal das

Monopol besaß. Natürlich darf nicht das **Lübecker Marzipan** vergessen werden, eine weltberühmte Leckerei, die immer noch von Niederegger hergestellt wird. Ein Wort noch zu der Nachspeise. **Rote Grütze** heißt sie und ist so aktuell wie eh und je. Eine Köstlichkeit, die jeden Sommertag versüßt und natürlich auch im Winter gegessen wird.

Restaurants sind bei den einzelnen Orten im Kapitel »Sehenswerte Orte und Ausflugsziele« näher beschrieben.

Preisklassen
Die Preise beziehen sich jeweils auf ein Menü ohne Getränke und Trinkgeld.
Luxusklasse: 100–150 DM
Obere Preisklasse: bis 80 DM
Mittlere Preisklasse: bis 40 DM
Untere Preisklasse: bis 20 DM

DER BESONDERE TIP

Forsthaus Hessenstein bei Lütjenburg Schon wer die Auffahrt zum Hessenstein sieht, kommt sich einigermaßen nobel vor. Das ehemalige Forsthaus mit seinen feinen Säulen strahlt den Charme einer ländlichen Gediegenheit aus, die schon leicht ins Aristokratische hinüberspielt. Der Hamburger Peter Marxen pflegt hier seit ein paar Jahren die gehobene Regionalküche, die Kartoffelsuppe mit Lachsstreifen und Gänsekeule in Aspik einschließt. Die Weinkarte ist reichhaltig, der Service manchmal etwas schleppend, aber durchaus freundlich. An den Wänden findet der Kenner frühe Arbeiten des Hamburger Künstlers Ernst Kahl. Tel. 0 43 81/94 16, Mittlere Preisklasse ■ E 3

Rum aus Flensburg, Sprotten aus Kiel, Marzipan aus Lübeck, das sind die Renner, wenn es um Erinnerungen an schöne Tage an der Küste geht.

Jede Stadt hat so ihre kleinen Eigenheiten. In Flensburg wird die maritime Vergangenheit gepflegt, wie wäre es da mit einem **Buddelschiff** oder einem kleinen Holzmodell eines Kutters. In Schleswig befindet sich die Bevölkerung einmal im Jahr im Wikingerrausch, da bieten sich ein paar **Wikinger-Nachbildungen** doch geradezu an. Rund um Kiel gibt es noch eine Reihe von **Fischräuchereien**, und wer Frischgeräuchertes liebt, sollte sich hier eindecken, die Fahrt nach Hause wird die Fracht schon überstehen. Als Mitbringsel beliebt sind auch geräucherte **Schinken**. Sie halten sich und werden (manchmal) mit der Zeit sogar noch besser. Lübeck natürlich ist die **Marzipanstadt**, und wer will, kann einfach alles in Marzipannachbildung haben.

Ein Wort noch zum Tee. Beliebt ist er mittlerweile auch an der Küste und oft getrunken. So konnte sich in den letzten Jahren fast in jeder Stadt ein gut sortierter Teeladen etablieren. Tee mit einem Schuß Rum, das paßt zu jeder Jahreszeit.

Wurst und Fleisch nach Landesart in Petersens Räucherkate

Kunsthandwerk nach jedem Geschmack

In der letzten Zeit hat das Kunsthandwerk doch sehr an Kraft gewonnen, und Teller, Kannen oder individuell geformte Tassen mit den schönsten Motiven sind überall da zu haben, wo sich regelmäßig Touristen zeigen. In den Städten lohnt es sich, einmal die Fußgängerzone zu verlassen und ein paar Gassen zu durchstreifen. Die meist noch jüngeren Kunsthandwerker haben selten das Geld für teure Ladenmieten und warten deshalb in Nebenstraßen auf ihr Glück.

Unter den Kunsthandwerkern hat sich die Gilde der **Töpfer** als besonders aktiv erwiesen. In nahezu jeder Stadt, ja fast in jedem Dorf wird mittlerweile aus Ton gebrannt und das meiste davon kann man sogar benutzen.

Kunst konkret

Die richtige Kunst, die zwar auch etwas mit Handwerk zu tun hat, aber eben doch etwas ganz anderes ist, hat es traditionell etwas schwerer im Land zwischen den Meeren. Um die Jahrhundertwende existierten zwar ein paar **Künstlerkolonien**, aber deren Ruf hat sich nur in den Kunstlexika gehalten.

Galeristen haben es auch heute nicht ganz leicht. Der Schleswig-Holsteiner ist für Abstraktes nicht so recht zu begeistern und vielleicht erklärt sich auch daher, daß viele Galerien mit Vorliebe maritime Motive anbieten. Einheimische Künstler geben dem Drang der Käufer nach handfesten Motiven gerne nach und so ist bestens bedient, wer Kunst sucht, die etwas zeigt, was jeder kennt: Himmel, Wasser und Landschaft.

»Was macht das Schiff in der Flasche...?«

Die ganze Ostseeküste ist ein wahres Kinderparadies. Die Strände sind feinsandig, das Meer ist ungewohnt zahm, die Seen sind glasklare Wasserspiegel.

Alle Bäder an der Ostseeküste sind auf Kinder bestens vorbereitet, denn die Küste ist vor allem bei Familien mit kleinen Kindern beliebt. Das liegt einmal an den Preisen, die noch nicht das höchste Niveau erreicht haben, vor allen Dingen aber an den landschaftlichen Gegebenheiten. Die Ostseestrände sind feinsandig, was zarten Kinderfüßen entgegenkommt. Das Wasser wird nur langsam tiefer, und besorgte Eltern müssen sich keine Sorgen um eine reißende Brandung machen. Haie wurden auch noch nie gesichtet. Die Campingplätze sind in der Regel mit Spielplätzen ausgerüstet: notwendige Ergänzung für die Tage, an denen die Sonne einmal nicht lachen sollte. Besonders kinderfreundlich sind die Strände an der **Lübecker Bucht**, aber auch die **Hohwachter Bucht** bietet ideale Voraussetzungen.

Seenlandschaft Schleswig

Auch im Hinterland müssen die Kinder nicht auf dem Trockenen bleiben. Die Seen sind ruhig und kaum verschmutzt, überall finden sich Buden und Gaststätten in der unmittelbaren Umgebung, in denen der tägliche Eisbedarf leicht gedeckt werden kann. Die Seen haben außerdem noch einen großen Vorteil: hier geht es meist etwas ruhiger zu, als an den überlaufenen Sandstränden. Im Hinterland haben sich auch etliche Vergnügungsparks etabliert.

»Die Welt dreht sich« im Freilichtmuseum Molfsee

Auch Burgenbauen ist anstrengend!

DIE OSTSEEKÜSTE SCHLESWIG-HOLSTEINS ERLEBEN

Bananenmuseum in Sierksdorf ■ E 4

Das kleine Museum ist eine Sache für sich: Auf 100 qm zeigen mehr als 1 000 Ausstellungsstücke alle Facetten, die der Mensch dem krummen Ding hat abgewinnen können.
Prof. Haas Str. 59
Sa und So 11–13 Uhr

Freilichtmuseum Molfsee ■ D 3/D 4

10 km westlich von Kiel ist das einzige Freilichtmuseum Schleswig-Holsteins auf 60 ha aufgebaut worden. Da gibt es zum Beispiel eine Weberkate aus Holzbunge, eine Wassermühle aus Rurup oder eine Kornscheune aus der Probstei zu sehen. Die ehemaligen Bauernhäuser aus dem ganzen Land sind originalgetreu eingerichtet. Brot, Käse und Handarbeit werden angeboten.
Tel. 04 31/6 55 55
April–Mitte Nov. Di–Sa 9–17 Uhr, So und feiertags 10–18 Uhr; Mitte Nov.–März So und feiertags 10–15 Uhr

TOPTEN 6

Hansapark ■ E 4

Der Hansapark von Sierksdorf ist der größte Freizeitpark Norddeutschlands. Hier dreht sich alles, was Räder hat, Karussells sind da, Rutschen, jede Menge Buden und allerlei Möglichkeiten, das Urlaubsgeld unter die Leute zu bringen.
Am Fahrenkrog 1
Tel. 0 45 63/70 51
April– Okt. 9–17 Uhr

Zirkusmuseum Preetz ■ D 4

Das Zirkusmuseum ist einmalig in ganz Deutschland. Hier ist alles gesammelt, was nach Sägespänen und Spannung unter der Zeltkuppel duftet. Dazu kann man Fotos, Plakate, Dokumente und natürlich allerlei Kuriosa begutachten. Unter den 50 Kostümen befindet sich u. a. ein Frack von René Deltgen aus dem Zirkusfilm »Tromba« und ein Fächer von Charlie Rivel.
Mühlenstr. 14
Tel. 0 43 42/8 31 03
Sa 15–18 Uhr, So 10–12 und 15–18 Uhr

DER BESONDERE TIP

Kreismuseum Ostholstein in Neustadt Die Sammlung, die sich mit allen Aspekten der Landesgeschichte befaßt, ist ursprünglich aus der »Sammlung vaterländischer Altertümer« hervorgegangen, die der Kreis 1905 von dem damaligen Sanitätsrat E. Brüchmann angekauft hatte. Das Museum ist in dem einzigen noch erhaltenen mittelalterlichen Stadttor Holsteins, dem Kremper Tor von Neustadt, untergebracht. Kulturgeschichte und Volkskunde sind mit ausgewählten Stücken vertreten, darunter die vollständige Einrichtung einer Zahnarztpraxis aus dem Jahr 1900. Eine Besonderheit ist der Nachlass des letzten deutschen Bänkelsängers. Neustadt, Kremper Tor, Mai und Okt. Sa 14–17 Uhr, So 10–12 Uhr; Juni–Sept. Mo–Fr 14–17, So 10–22 Uhr ■ E 4

Wasser ist ein sportliches Element und übt größte Anziehungskraft aus. Aber auch der Fahrradprofi kommt auf seine Kosten.

Dem Sportlichen sind an der schleswig-holsteinischen Ostseeküste keine Grenzen gesetzt. Surfer können fast überall ihre Bretter zu Wasser lassen, ausgenommen sind da vielleicht nur die **Flensburger Förde** und die **Schlei** wegen der relativ hohen Verkehrsdichte. Hamburger Surfer zieht es vor allem ins Surfrevier rund um **Fehmarn**, und auch die **Lübecker Bucht** ist für dieses nasse Vergnügen sehr gut geeignet. Segler, die es gerne etwas komfortabler haben, finden in jedem größeren Hafen Liegeplätze. An den Stränden kann man herrlich **Drachen** steigen lassen, eine Art Freizeitbeschäftigung, die mehr und mehr Anhänger zu finden scheint.

Fahrradfahren ohne Ende, das ist in dieser Form nur an der Ostseeküste möglich. Die Wege sind bestens ausgebaut, die Autofahrer fahren vorsichtig, weil sie wissen, was auf sie zukommt und weil im Sommer Fahrradreisegruppen zu den gewöhnlichen Erscheinungen auf den Bundesstraßen zählen. Wer **wandern** will, muß sich nur ein paar Kilometer ins Landesinnere orientieren. Da warten Wälder, Wiesen und Seen. Auch wen es an die Seen oder hinaus auf's weite Meer zieht, um den Fischen nachzustellen, wird auf jeden Fall etwas für seinen Geschmack finden. Ob eher beschaulich in der Holsteinischen Schweiz oder etwas rauher bei einem Angelturn mit einem Ex-Kutter-Kapitän, bleibt jedem selber überlassen.

Steife Brise an der Trave

DIE OSTSEEKÜSTE SCHLESWIG-HOLSTEINS ERLEBEN

Angeln

Für das Fischen in Binnengewässern ist ein Angelschein notwendig, ansonsten kann der Petri-Jünger die Rute unbehelligt ins Wasser lassen. Besonders beliebt ist das Hochseefischen. Dorsch, Hering oder Makrele aus dem kalten Naß zu ziehen ist ein Vergnügen ganz besonderer Art. Die Boote können mitsamt der fachmännischen Leitung angemietet werden. Oft sind die Kapitäne der Kutter ehemalige Fischer, die sich der veränderten Marktlage angepaßt haben.
Landessportfischerverband Schleswig-Holstein
Hamburger Chaussee 102
Kiel
Tel. 04 31/68 49 23

Golf

Immer mehr Anhänger des grünen Sportes können auch an der Küste den Schläger führen. 9- und 18-Loch-Plätze gibt es einige zwischen Flensburg und Lübeck, und es wird weiter kräftig am Ausbau der Anlagen gearbeitet.

Segeln/Surfen

Etwa 385 km ist die Ostküste Schleswig-Holsteins lang, da kann jeder Segler und Surfer selig werden. Die Bedingungen sind auch deshalb recht günstig, weil der rauhe Westwind, den die Westküste spürt, an der Ostküste zu einem milden Lüftchen abgeschwächt ist und nur selten Böen die Wasserfreuden beeinträchtigen. Die Ostsee mit ihren vielen kleinen Buchten erlaubt eine gemächlichere Gangart und ist deshalb auch für Anfänger geeignet. Die Surf-Reviere liegen oft etwas versteckt, weil die Surfer zum Kastenwesen neigen und sich gerne abgelegene Buchten aussuchen. Das hat allerdings den Vorteil, daß sie unschuldige Badende nicht allzusehr belästigen.

Wandern

Ein deutscher Wandersmann bleibt besser auf den Wegen, die für ihn vorgesehen sind, sonst könnte es Ärger geben. Natürlich sind auch die bestens ausgeschilderten Wälder des Landes für jeden offen, aber die Bauern sehen es nicht gerne, wenn sie fremde Spuren in ihren Feldern finden. Die gesamte Küste ist mit Wanderwegen erschlossen, präzise Karten führt fast jedes Buchgeschäft.

Ostseestrände

Dahme ■ F 4
Familienbad mit freiem Blick über die Ostsee. Nicht ganz so mild wie die übrigen Bäder der Eckernförder Bucht.

Eckernförde ■ C 3
Östlich des Hafens liegt im Stadtgebiet der 2 km lange Strand, der besonders für Eltern mit Kindern geeignet ist, kaum Wellen.

Flensburg Ostseebad ■ B 2
Die Badewanne der Stadt mit Mini-Golf-Anlage und Holzbrücke mit Schwimmbecken für Anfänger.

Füsing bei Schleswig ■ C 3
Der kleine Strand liegt etwas versteckt gegenüber des ehemaligen Fährhauses und ist besonders bei Surfern sehr beliebt. Eine urige Gaststätte hält das Notwendigste bereit.

Glücksburg Solitüde ■ C 2
Ein rauher Strand mit herrlichem Blick auf das dänische Ufer.

Grömitz ■ F 4
Kilometerlanger Sandstrand und die längste Ostseebrücke von Schleswig-Holstein.

Hasselberg bei Gelting ■ C 2
Vor dem Deich liegt ein etwas körniger Strand, der gerne von Familien bevölkert wird. Der Strand ist ein paar hundert Meter lang, das Baden, besonders für Kinder, ungefährlich.

Holnis ■ C 1/C 2
Kurtaxenpflichtiger Sandstrand mit weichem Sand und sehr flach abfallendem Wasser, kinderfreundlich.

Neukirchen ■ F 3
Etwas grobkörniger Strand mit schönem Hinterland und Blick auf die sich langsam öffnende Förde.

Petersdorf auf Fehmarn ■ F 3
Einziger FKK-Strand der Insulaner, die sich hier aber nur selten blicken lassen.

Scharbeutz ■ E 4
Sehr schöner Strand, auch wenn im Sommer die Menschen wie die Heringe in der Sonne braten.

Schönhagen, Damp ■ D 2
Der Strand der Massen, gut gepflegt, mit sehr guter Infrastruktur, badefreundlich.

Sierksdorf ■ E 4
30 km feiner Sandstrand, dahinter im Landesinnern liegt der Vergnügungspark Hansa-Land.

Strandbad Kalifornien ■ D 3
Ausflugsziel im Nahbereich von Kiel und dementsprechend besucht. Sehr schöner Strand, bewegtes Baden möglich.

Timmendorfer Strand ■ E 4
Der Strand der Schönen, der Reichen und solcher, die vorgeben, beides zu sein. Das Paradebad an der Ostsee, besonders beliebt bei älterem Publikum.

TOPTEN 8

Scharbeutz hat einen der schönsten Strände an der Küste

Gefeiert wird das ganze Jahr über. Die wahren Höhepunkte wie das Schleswig-Holstein-Musik-Festival finden allerdings im Sommer statt.

In Schleswig-Holstein wird gerne gefeiert, das gilt besonders für die Ostseeküste. Keine Stadt, die nicht irgendeinen Anlaß gefunden hätte, ein Fest aus der Taufe zu heben. Es ist schon fast zuviel des Guten, aber die Einheimischen sind ein festfreudiges und -erprobtes Völkchen. In früheren Tagen wurde längst nicht so viel Abwechslung geboten, denn das Land war vor allem Bauernland und die Bauern hatten wenig Geld, und wenn sie es hatten, stand ihnen der Sinn kaum nach derlei Vergnügungen. Erst die Tourismuswelle brachte den Umschwung, und letztlich ist es wohl auch ein Verdienst von Justus Frantz und seinem Musikfestival, daß das wirtschaftliche Potential solcher Veranstaltungen mittlerweile vom Land entdeckt wurde (Schriftliche Anfragen an: Schleswig-Holstein-Musik-Festival, Holzdamm 40, 20099 Hamburg, Tel. 0 40/2 42 81 10). Jetzt wird gefestet, daß es eine Freude ist. Nur im Winter, wenn es Nacht wird über dem Land, geht es etwas ruhiger zu. Kraftschöpfen für die neue Saison.

Sängertreffen im Norden – Eutiner Sommerspiele

Februar
Kieler Umschlag, Hafenfest
Das traditionelle Volksfest der Hauptstädter erinnert in groben Zügen an einen mittelalterlichen Jahrmarkt. Jede Menge Buden und Karussells, dazu allerlei zu Essen und zu Trinken.
Ende Februar

Mai
Albersdorfer Pfingstvolksfest
In Alberdorf trifft man sich, wenn die Sonne wieder etwas mehr an Kraft gewonnen hat. Das bringt es mit sich, daß der Holsteiner ein wenig mehr aus sich herausgeht.

Witthüser Pfingstmarkt am Weissenhäuser Strand
Am Weissenhäuser Strand findet alljährlich eine Art Flohmarkt für die gehobenen Lumpensammler statt. Das leibliche Wohl steht im Vordergrund, was sonst.

Heikendorfer Festtage
Karussells und Buden, Händler und Marktschreier, was will man mehr, um sich einigermaßen zu amüsieren? In Heikendorf ist Jahrmarkt.
Mitte Mai

Kappelner Heringstage
In Kappeln steht der letzte noch erhaltene Heringszaun Europas, wenn das kein Anlaß ist, um ein bißchen auf die Pauke zu hauen. Es gibt Fisch in rauhen Mengen, und natürlich Hering.
Ende Mai

Rumregatta in Flensburg
Die Rumregatta in Flensburg hat sich in den letzten Jahren zum festlichen Höhepunkt der Stadtsaison entwickelt. Jedes Jahr kommen Segel-Oldtimer in den Hafen.

Juni/August
Schleswig-Holstein Musikfestival
Justus Frantz hat es geschafft: In den Scheunen und Ställen des Landes wird musiziert, eine Freude für Auge und Ohr.

Kieler Woche
Hundert Jahre ist sie alt, die Kieler Woche, und immer noch die größte Attraktion in der Freiluftsaison. Im Juni wacht die Stadt dann auf.
Mitte Juni

Segeberg: Karl-May-Spiele
Pierre Brice war der letzte große Indianer, den Old Shatterhand zum Freund hatte. Jetzt reiten andere in den Kalkbergen, um die Traumwelt Karl Mays am Leben zu halten.
Ende Juni

Juli
Eutiner Sommerspiele
Eutin war schon immer der Musenhof des Landes. Hier wird die klassische Kultur zelebriert: alles Theater und Singspiel.

Grömitzer Woche
Das Strandbad feiert sich selbst mit einem Budenzauber.

Heiligenhafen: Hafen-Tage
Segler und Hafen, das gehört zusammen wie Pech und Schwefel. Einmal im Jahr kommt Flair in die Bettenburg an der Ostsee.

Travemünder Woche
Das feine Travemünde pflegt seinen Ruf als das etwas bessere Bad. Hier geht der Budenzauber nobel über die Bühne.
Ende Juli

September
Lübecker Hafenfest
Die Altstadt als eine einzige Vergnügungsmeile: was will man mehr.

Die nördlichste Stadt Deutschlands. Dänemark liegt direkt gegenüber und bestimmt zum großen Teil das Bild der Stadt an der Förde.

Die eigentliche Geschichte der Stadt beginnt mit **Rum**. Denn erst als die Seerouten in die Karibik auch den Handel beflügelten, kam das flüssige Gold in die Fördestadt. Bis dahin hatte die ehemalige Fischersiedlung, 1284 von Herzog Waldemar IV. von Schleswig mit dem Stadtrecht ausgestattet, kaum wirtschaftliche Bedeutung gewonnen. Mit dem Rum der Westindienfahrer kam der Aufschwung, und noch heute erinnern erhaltene Speicher aus dem 16. Jahrhundert an die-

Flensburg

■ B 2

se Blütezeit. Damals fuhren fast 200 Segler unter der Flensburger Flagge, und die Stadt stand im Begriff, sogar Lübeck, dem großen Rivalen von der Hanse, den Rang abzulaufen. Noch heute ist die Westseite der Hafenfront von dieser Zeit geprägt, wenn auch inzwischen viele der alten Handelshöfe und Speicher entkernt wurden und Kneipen und Restaurants das Geld in die Kassen bringen. Auch die Hafenstadt Flensburg hat die Werftenkrise und die damit verbundene

Alte Küstensegler liegen noch wenige im Hafen von Flensburg

Krise des Hafens spüren müssen. Die Werft wurde an einen Konzern verkauft und hält sich mehr schlecht als recht über Wasser, der Hafen hat längst nicht mehr die Bedeutung für die Stadt wie noch vor dreißig Jahren. Trotzdem ist Flensburg eine der maritimsten Städte an der deutschen Ostseeküste. Dazu trägt nicht zuletzt die **Marineschule Mürwik** auf dem Ostufer bei, die aber möglicherweise in den nächsten Jahren aufgelöst werden soll. Museumsschiffe dümpeln im ruhigen Brackwasser in unmittelbarer Nähe zum Schiffahrtsmuseum, das mit einer kleinen Dauerausstellung auch an die Blütezeit der Stadt erinnert – ein Raum ist dem Rum gewidmet, der ja auch heute noch eine nicht unwesentliche Rolle im Wirtschaftsleben spielt.

Deutsch oder Dänisch

Flensburg ist eine internationale Stadt, manche sagen sogar, sie sei die einzige deutsche Stadt in Dänemark. Deutsch und dänisch, das waren einmal unauflösliche Gegensätze. Denn bis 1864, als die vereinigten Preußen und Österreicher die Dänen bei Düppel vernichtend schlugen und die Niederlage dazu führte, daß ganz Schleswig-Holstein, das bis dahin dänisch war, deutsch wurde, war Flensburg eine Stadt des dänischen Gesamtstaates. Erst die Volksabstimmung nach dem vom deutschen Kaiserreich verlorenen Weltkrieg brachte den heutigen Grenzverlauf. Flensburg wurde

deutsch, behielt aber eine dänische Minderheit. Auch heute noch ist das dänische Element in der Stadt unverkennbar, die Partei der dänischen Minderheit, der **Südschleswigsche Wählerverband**, regiert im Rathaus kräftig mit, und auch sonst haben sich die deutschen Dänen ihre eigenen Institutionen erhalten. Es gibt eine dänische Zeitung, **Flensborg Avis**, die von Dänemark kräftig bezuschußt wird, ein dänisches Gymnasium, eine dänische Bibliothek, ein dänisches Theater, dänische Kindergärten. Inzwischen kommen Deutsche und Dänen sehr gut miteinander aus. Denn aus Dänemark kommt auch ein Großteil der Kunden, die den Grenzhandel beleben, von dem die Stadt zu einem guten Teil existiert.

Seefahrerleid und -freud

Von Seefahrerromantik, dem großen Seelentröster, ist – bis auf die **Alexandra**, ein rußspeiendes Ungetüm von Dampfschiff – nicht mehr viel geblieben. Viele der ehemaligen Speicher wurden saniert, manchmal bis zu ihrer restlosen Zerstörung. Das rauhe Hafenklima ist dem Kitsch der achtziger Jahre geopfert worden. Wo früher erschöpfte Seemänner strandeten, wird jetzt Disco-Fox getanzt. Wer noch ein bißchen Seefahrerromantik schnuppern will, muß auf das Ostufer überwechseln und einen Spaziergang durch die ehemalige Fischersiedlung **St. Jürgen** unternehmen.

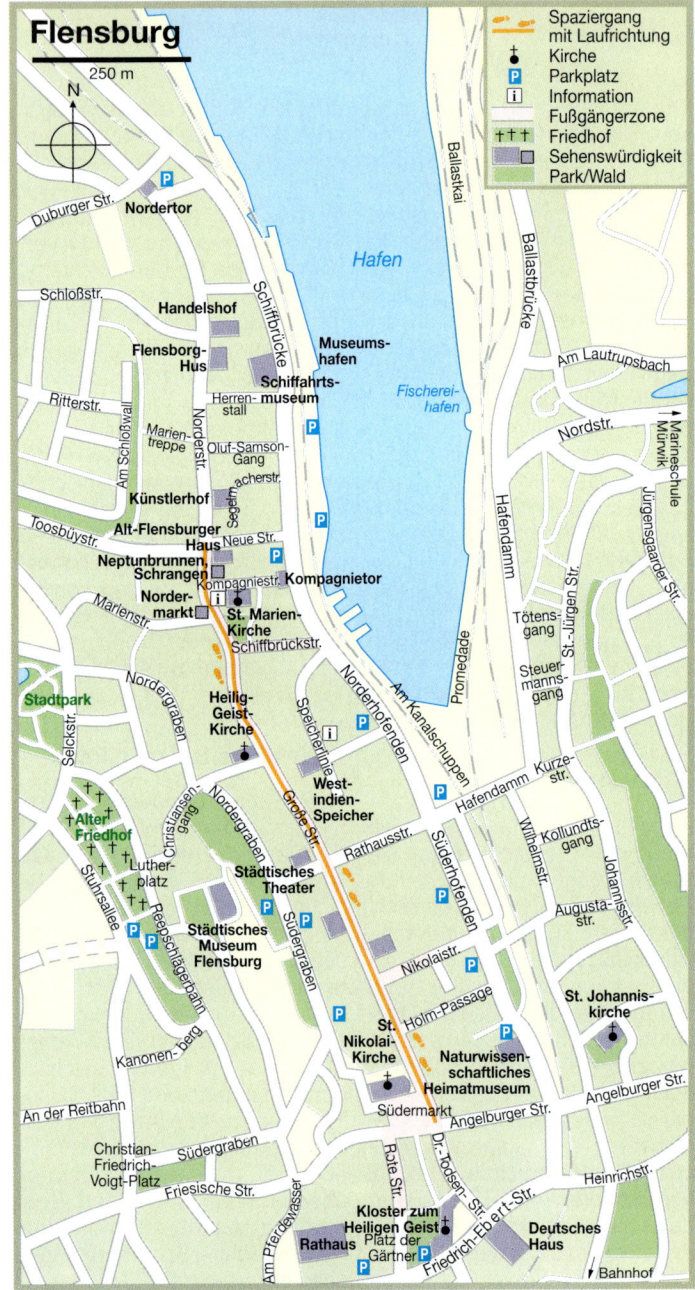

Flensburg

250 m

N

Spaziergang mit Laufrichtung
Kirche
Parkplatz
Information
Fußgängerzone
Friedhof
Sehenswürdigkeit
Park/Wald

Duburger Str.

Nordertor

Schloßstr.

Handelshof

Flensborg-Hus

Ritterstr.

Am Schloßwall

Herren-stall

Schiffahrts-museum

Marien-treppe

Oluf-Samson-Gang

acherstr.

Segelm

Künstlerhof

Toosbüystr.

Alt-Flensburger Haus

Neue Str.

Neptunbrunnen, Schrangen

Norder-markt

Marienstr.

Kompagniestr.

Kompagnietor

St. Marien-Kirche

Schiffbrückstr.

Nordergraben

Stadtpark

Selckstr.

Heilig-Geist-Kirche

Christiansen

gang

Nordergraben

Speicherlinie

Große Str.

West-indien-Speicher

Rathausstr.

† **Alter Friedhof** †

Luther-platz

Stuhrsallee

Reepschlägerbahn

Städtisches Theater

Südergraben

Städtisches Museum Flensburg

Kanonen-berg

An der Reitbahn

St. Nikolai-Kirche

Südergraben

Am Pferdewasser

St. Holm-Passage

Nikolaistr.

Naturwissen-schaftliches Heimatmuseum

Südermarkt

Rote Str.

Christian-Friedrich-Voigt-Platz

Friesische Str.

Kloster zum Heiligen Geist

Rathaus

Platz der Gärtner

Dr.-Todsen-str.

Friedrich-Ebert-Str.

Deutsches Haus

↳ **Bahnhof**

Hafen

Museums-hafen

Ballastkai

Fischerei-hafen

Am Lautrupsbach

Ballastbrücke

Nordstr.

Marineschule Mürwik

Jürgensgaarder Str.

Hafendamm

Tötensberg

gang

Steuermanns-gang

St.-Jürgen-Str.

Promenade

Am Kanalschuppen

Norderhofenden

Hafendamm

Kurze-str.

Kollundts-gang

Wilhelmstr.

Johannisstr.

Augusta-str.

Süderhofenden

St. Johannis-kirche

Angelburger Str.

Heinrichstr.

Hotels

Bel Air
Modernes Haus direkt am Hafen.
Norderhofenden 6–9
Tel. 04 61/8 41 10, Fax 8 41 12 99
90 Zimmer
Mittlere Preisklasse

Central
Gutbürgerliches Hotel mit gutem
Restaurant unterhalb des Rathauses.
Neumarkt 1
Tel. 04 61/8 60 00, Fax 2 25 99
95 Betten
Mittlere Preisklasse

Flensborg-Hus
Veranstaltungshaus der dänischen
Minderheit, das eine ausgezeichne-
te Küche hat und dänische Spezia-
litäten bietet.
Norderstr. 76
Tel. 04 61/2 61 05
25 Betten
Mittlere Preisklasse

Flensburger Hof
Das Gegenstück zum Flensborg-
Hus, ebenfalls mit guter Küche.
Süderhofenden 38
Tel. 04 61/1 73 20, Fax 1 73 31
50 Betten
Mittlere Preisklasse

Hotel Wassersleben
Kurz vor der dänischen Grenze an
der Förde gelegen, schöne Aussicht
aus den Zimmern, sehr gute Küche.
Wassersleben 4
Tel. 04 61/72 08, Fax 7 74 21 33
25 Zimmer
Obere Preisklasse

Spaziergang

Für einen Gang durch die Stadt bietet sich die Flaniermeile an, die
gleichzeitig die Einkaufsstraße Flensburgs ist. Vom Südermarkt bis zum
Nordermarkt sind es vielleicht
1 000 m, den etwas längeren Teil be-
ansprucht der Holm für sich, die Norderstraße ist zwar kürzer, dafür aber
besser erhalten. Am Südermarkt
steht das am besten erhaltene spätgotische Kaufmannshaus, Nummer
12, und an der Ecke zur Angelburger
Straße ein von dem Klassizisten Axel
Bundsen entworfenes Bürgerhaus.
Im Holm Nummer 19/21 steht der
letzte noch erhaltene **Handelshof**
aus dem 16. Jh., im klassizistischen
Vorderhaus hatte der preußische Ge-
neral von Wrangel 1864 sein Haupt-
quartier eingerichtet. Sehenswert
sind ebenfalls Holm Nummer 66 und
76. Vorbei geht es am neuen Ein-
kaufstempel der Stadt, der Holm-
Passage. Ein paar Meter linker Hand
die Rathausstraße hinauf, liegt das
städtische Theater. Hinter der Rathausstraße beginnt die große Straße
mit den etwas teureren Geschäften.
Sehenswert sind die vollständig erhalten gebliebenen Fassaden der
Häuser aus dem 18. und 19. Jh.,
besonders markant dabei der **West-
indienspeicher** in der Großen Straße 24. Auf dem Nordermarkt wartet
der **Neptunsbrunnen** mit seinen
Rokoko-Ornamenten. Erhalten geblieben sind auch noch die mittelalterlichen Schrangen (ca. 30 Min.).

Sehenswertes

Alter Friedhof
Der Friedhof hinter dem Städtischen
Museum ist ein besonderes Denkmal deutsch-dänischer Geschichte.
Hier liegen die Toten aus dem Krieg
von 1850, ein Krieg, der zwischen
aufständischen Schleswig-Holstei-
nern, die ein eigenes Parlament for-
derten, und der dänischen Staats-
macht, die den Aufstand blutig nie-
derschlug, geführt wurde. Gleich
hinter der klassizistischen Kapelle
von Axel Bundsen stand bis 1864

ein Bronze-Löwe, der über die Toten wachen sollte und nach ihrem Sieg von den Dänen aufgestellt wurde. Die Preußen ließen den Löwen 1864 entfernen und nach Berlin bringen, von wo er nach 1945 nach Kopenhagen ausgeliefert wurde. Initiativen, den Löwen wieder nach Flensburg zurückzuholen, scheiterten bislang am Unwillen der Stadt.

Deutsches Haus

Das Deutsche Haus zwischen Bahnhof und Südermarkt, gleich gegenüber dem **Grauen Kloster**, wurde 1929 zur Pflege des deutschen Brauchtums errichtet, auf Hunderten von deutschen Eichenpfählen versteht sich. Nach den deutschdänischen Grenzkämpfen glaubte das Deutsche Reich allen Anlaß zu haben, den Dänen ein für allemal die Grenzen aufzuzeigen. So kann die trutzige Architektur des Deutschen Hauses auch als Kampfansage verstanden werden. Heute ist das Eichenfundament ein bißchen verrottet und muß erneuert werden.

Hafen

Auch wenn der Hafen seine ehemalige wirtschaftliche Bedeutung verloren hat, bestimmt er doch immer noch das Bild der Stadt. Besonders in der Abenddämmerung lohnt sich ein kleiner Spaziergang, der vom **Ballastkai** mit seinen alten Hafenanlagen auf der Ostseite um die Hafenspitze führt, vorbei an den **Holzkais** für die Butterschiffe, bis hin zum Anleger des **Museumshafens**.

Kaufmannshof Norderstraße 20

Eigentlich plante die Stadt Flensburg in den 70er Jahren den Totalabriß der alten Speicher und Kaufmannshöfe aus der guten alten Zeit. Aber dann gab Bonn Mittel zur Stadtsanierung frei, und man besann sich eines Besseren. Der Kaufmannshof ist ein besonders geglücktes Beispiel dieser Sanierung. Hier läßt sich noch das Nebeneinander von Leben und Arbeiten ablesen, wie es vor zweihundert Jahren üblich war.

Tor zum Norden – das Nordertor in Flensburg

Kompagnietor

Am Ende der Kompagniestraße liegt das Kompagnietor, einstmals als Hafentor erbaut. Hier war der Sitz des Schiffergelages, das aus der **Knudsgilde** der Kaufleute und Schiffer hervorgegangen war. Unter dem Tor kann man ein bißchen Mittelalter schnuppern, auch wenn das Gebäude äußerst modern restauriert worden ist.

Nordertor

Das Nordertor von 1595 ist das Wahrzeichen der Stadt, aus Backstein erbaut und für die Ewigkeit gebaut. Aber das sahen die Flensburger Bürger anders. Noch Ende des vorigen Jahrhunderts wollten sie das einzige erhaltene Stadttor Flensburgs abreißen lassen und bemühten dafür sogar die Gerichte. Glücklicherweise fiel die Entscheidung zugunsten von Stadt und Tor aus. Flensburg kann sich heute also mit gutem Recht das **Tor zum Norden** nennen.

Oluf-Samson-Gang

Seeleute hatten nach einem langen Turn auf hoher See vor allem Lust auf zwei Dinge: Sie wollten Frauen und sie wollten Schnaps, und beides war im Oluf-Samson-Gang reichlich vorhanden. Noch bis in die 70er Jahre hinein galt die Gasse mit ihren kleinen Häuschen als der romantischste Strich Europas. So romantisch wird das Gewerbe aber auch damals nicht gewesen sein. Die Stadt machte Anfang der 80er Jahre den Versuch, das Gewerbe zu vertreiben, und verkaufte die Häuschen mit der Auflage, daß der neue Eigentümer selbst einziehen müsse. So ganz ist die Trockenlegung nicht geglückt, die Damen – und vermutlich auch die Herren – fühlten sich doch etwas gestört. Heute ist ein Bummel durch den Gang für Leib und Seele ohne Anfechtung möglich. Die einen werden das bedauern, die anderen sich freuen. In jedem Fall gilt: Tourismus schlägt Prostitution.

Früher die »Reeperbahn« von Flensburg – der Oluf-Samson-Gang

St. Jürgen
Die älteste Kirche der Stadt liegt malerisch in dem ehemaligen Stadtteil der Fischer und Kapitäne, St. Jürgen. Die Kanzel der Feldsteinkirche aus dem 13. Jh. wurde 1587 von Hans von Bremen geschnitzt.

St. Marien-Kirche
Die St. Marien-Kirche am Nordermarkt ist ein im Kern gotischer Bau mit einem neugotischen Turm. Die Kirche begrenzt die gutbürgerliche Altstadt nach Norden hin. In der ersten Nische rechts hinter dem Eingang findet sich die älteste gemalte Darstellung der Stadt Flensburg aus dem Jahr 1591. Der Altar stammt aus der Werkstatt des Bildsniders Heinrich Ringeringk; außerdem haben sich mittelalterliche Deckenmalereien erhalten. Beeindruckend auch die Glasfenster der Flensburger Malerin Käte Larsen.

St. Nikolai-Kirche
In der Kirche – zwischen 1390 und 1480 erbaut – findet sich die am besten erhaltene Orgelfassade der norddeutschen Renaissance, gestaltet ebenfalls von dem Bildsnider Heinrich Ringeringk.

Museen

Naturwissenschaftliches Heimatmuseum
Das kleine Museum, das zusammen mit der Stadtbücherei in einem Zweckbau aus den 70er Jahren untergekommen ist, beschäftigt sich schwerpunktmäßig mit der eiszeitlichen Vorgeschichte des Landes. Flora und Fauna werden modellhaft vorgestellt, und man kümmert sich insbesondere um aktuelle ökologische Fragen.
Süderhofenden 40–42
Di–Fr 10–13 und 15–17 Uhr

Schiffahrtsmuseum
Das Museum für die Schiffahrt ist in einem ehemaligen Zollpackhaus aus dem Jahr 1842 untergebracht. Jede Menge Maritimes wird gezeigt, von rostigen Ankern bis zu Rangabzeichen. Das Museum verfügt über eine imponierende Sammlung naturgetreu nachgebauter Schiffsmodelle. Neu ist eine Abteilung, die sich den Flensburger Rumfahrern widmet.
Schiffbrücke 39
Di–Sa 10–17, So 10–13 Uhr,
Mo geschl.

Städtisches Museum Flensburg
Das Städtische Museum widmet sich nicht nur der Stadtgeschichte, sondern auch der Kunst- und Kulturgeschichte des ganzen Landes. Sehenswert sind vor allem die Bauernstuben und Pesel, also die Schlafstuben der Halligbewohner. Das Museum verfügt über eine hervorragende Sammlung einheimischer Maler, darunter viele Werke Emil Noldes, dem ein eigener Raum gewidmet ist. In seinem Fundus bewahrt das Museum eine der größten Jugendstilmöbel-Sammlungen Deutschlands, die aber wegen Platzmangel äußerst selten gezeigt werden kann.
Lutherplatz 1
Di–Sa 10–17, So 10–13 Uhr,
Mo geschl.

Uhrenmuseum
In einem privaten Museum sind 300 Uhren aus drei Jahrhunderten zu sehen.
Rathausstr. 9
Mi 10–13 und 15–18 Uhr, Sa 10–13 Uhr

Essen und Trinken

Alt-Flensburger Haus

Das Traditionslokal in der Innenstadt mit altehrwürdigem Ambiente. Die Räume sind zum Teil mit Louis-seize-Möbeln ausgestattet. Die Weinstube bietet eine reiche Weinkarte, im Kellergewölbe kann man tafeln wie zu Zeiten der Wikinger. Auch vegetarische Gerichte, Sommergarten.
Norderstr. 8
Tel. 04 61/2 64 64
Obere Preisklasse

Brasserie Napoleon

Das Restaurant gilt als das beste Steakhaus in der Stadt; wen wundert's, es ist auch das einzige. Die Inneneinrichtung ist rustikal, und wer keine Wunder erwartet, wird auch mit dem Essen zufrieden sein.
Große Straße 42
Tel. 04 61/2 20 22
Mittlere Preisklasse

Café Maas

Nach einem Einkaufsbummel kann man sich in diesem Café am Süder-markt ausruhen, wo es seit mehr als hundert Jahren den besten Kuchen der Stadt gibt.
Angelburger Str. 4
Tel. 04 61/2 53 22

Fährkroog

Mitten im alten Hafengebiet, an der sogenannten Goldküste, bietet der Fährkroog Fischspezialitäten und ein angenehm maritim ausgestattetes Inneres. Hier ist immer etwas los.
Schiffbrücke 37
Tel. 04 61/2 42 12
Mittlere Preisklasse

Gasthaus Marienhölzung

Etwas außerhalb des Stadtkerns auf der westlichen Höhe liegt das Gasthaus in einem Gehölz. Einige Jahre stand das traditionelle Ausflugslokal der bessergestellten Flensburger leer, jetzt wird wieder Deftiges aus der Pfanne geboten. Die Atmosphäre ist rustikal, das Essen anständig.
Marienhölzungsweg 150
Tel. 04 61/58 22 94
Untere Preisklasse

Senfmühle

In dem historischen Gebäude einer ehemaligen Sauerkrautfabrik wird eine außergewöhnlich gute Küche geboten. Heute empfängt moderner Komfort den Besucher.
Holm 45
Tel. 04 61/1 27 20
Mittlere Preisklasse

Weinstube im Krusehof

In dem verwinkelten Hof in der historischen Roten Straße geht es gemütlich zu. Man sitzt eng beieinander, trinkt Wein oder läßt sich kleine Gerichte bringen. Gute Weinkarte.
Rote Straße 24
Tel. 04 61/1 28 76
Mittlere Preisklasse

Einkaufen

Natürlich ist die Fußgängerzone die Einkaufsmeile der Stadt. Hier findet man alles für den täglichen Gebrauch. In der Norderstraße nördlich des Nordermarktes haben sich ein paar Trödler niedergelassen, aber selbst hier sind die Schnäppchen teuer geworden. Südlich des Süder-marktes, in der Roten Straße, lohnt sich ein Blick in die historischen Höfe mit ihren Weinstuben, Nippes- und Antiquitätenläden.

Galerie Künter Kruse

In einem ehemaligen Kaufmannshof Kunst für jeden Geschmack.
Rote Straße 22–24
Tel. 04 61/2 20 63

Glasbläserei Dieter Schneider
Dieter Schneider betreibt sein Handwerk schon seit einigen Jahren. Seine Gläser tragen eine eigenwillige Handschrift.
Rote Straße 22–24
Tel. 04 61/2 09 83

Kunst und Antiquitäten
Sofas und Stühle, Biedermeier und Jugendstil, von jedem etwas und nicht ganz billig.
Rote Straße 10
Tel. 04 61/2 91 61

Südermarkt
Die Bauern aus dem Umland verkaufen jeden Mittwoch und Sonnabend ihre Produkte auf dem Südermarkt.

Töpferei Luise Dunker
Luise Dunker pflegt einen durchaus eigenwilligen Stil. Ihre gebrannten Töne zeichnen sich durch eine feine Lasur aus.
Rote Straße 16
Tel. 04 61/2 02 84

Am Abend

Der Hafen hinter der Schiffbrücke ist das Zentrum der Vergnügungssüchtigen. Hier gibt es eine Reihe von Bars, Kneipen und Diskotheken, in denen es bis zum frühen Morgen zur Sache geht. Rund um den Nordermarkt hat sich das Epizentrum des Vergnügens herausgebildet.

Börsenkeller
Kneipe und Bierlokal im Souterrain. Hier treffen sich gerne Segler und ihre Freunde. Die Kundschaft ist in der Regel deutsch-dänisch im Verhältnis 1:1, das macht auch den besonderen Charakter dieses Lokals aus, in dem vor allem junge Leute verkehren. Im Sommer werden die Stühle auf die Straße gestellt.

Große Straße 77
Tel. 04 61/2 33 38
Untere Preisklasse

Galerie
Die einzige Kleinkunstbühne der Stadt, und das auf vielleicht 4 qm. Mehr Platz haben die Kabarettisten und Musiker nicht zur Verfügung. Die gemütliche Kneipe verteilt sich auf zwei Stockwerke.
Holm 66
Tel. 04 61/2 01 04
Untere Preisklasse

Hansens Brauhaus
In dem ehemaligen Redaktionsgebäude der dänischen Zeitung »Flensborg Avis« wird jetzt Straßenbahn gefahren. Zwischen glänzenden Braukesseln und einer Bahn wird deftige Kost bevorzugt.
Große Straße 83
Tel. 04 61/2 22 10
Untere Preisklasse

Piet Henningsen
Bei Piet regiert der Seemann, es geht zünftig zu, und auch wenn alles nur noch schöner Schein ist, hier macht das Leben auch für Landratten noch richtig Spaß. Fisch ist die Devise auch auf der Speisekarte, dazu gibt es ein kühles Flensburger.
Schiffbrücke 20
Tel. 04 61/2 45 76

Porticus
Die Stammkneipe für alle älteren Semester, die es gerne etwas ruhiger haben und unter sich bleiben wollen. Regelmäßig treten Musiker auf und auf den alten Sofas sitzt man wie bei Oma.
Marienstr. 1
Tel. 04 61/2 31 68

Theaterklause
In der kleinen Kneipe hinter dem Stadttheater treffen sich nach der

Vorstellung die Schauspieler meist noch zu einem Umtrunk.
Nordergraben 16
Tel. 04 61/2 85 24
Untere Preisklasse

Auskunft
Verkehrsverein
Norderstr. 6
Tel. 04 61/2 30 90

Fördereederei für Ausflugsfahrten mit den Fördeschiffen
Norderhofenden 20
Tel. 04 61/8 11 20

Segeln
Verein Museumshafen
Norderstr. 22b
Tel. 04 61/2 91 22

Taxi
In Flensburg streiten sich fünf verschiedene Unternehmen um die Fahrgäste. Ganz normale Taxis und solche Unternehmen, die nur auf telefonische Anfragen kommen dürfen. Die Konkurrenz macht's, daß das Taxifahren in Flensburg im Vergleich zu anderen deutschen Städten noch verhältnismäßig billig ist.

Ausflugsziele

Geltinger Birk ■ C 2

Von Gelting geht nicht nur die Fähre nach Faborg auf der dänischen Insel Fyn ab, ein Kurztrip, der sich lohnt. Für Ornithologen von ganz besonderem Reiz dürfte die Geltinger Birk sein, ein ausgedehntes Vogelschutzgebiet, in dem viele Vögel ihre Brutstätten haben.

Glücksburg ■ C 2

Berühmtester Prachtbau des Ostseeheilbades ist das **Wasserschloß**, ein prächtiger Renaissance-Bau, der von 1583–85 von Herzog Johann dem Jüngeren errichtet wurde. Das Schloß wird zum Teil noch immer von den fürstlichen Nachfahren bewohnt, die aber einen Teil des Schlosses zur Besichtigung freigaben. Der Baumeister des dreigeschossigen und annähernd quadratischen Baus war Nickels Karies. 1827 erhielt das Schloß eine Orangerie, später noch ein Planetarium. Besonders sehenswert ist die Sammlung holländischer, flämischer und französischer Gobelins und Ledertapeten aus dem 17. und 18. Jh., die im Weißen Saal und im Gobelin-

Ostsee-Renaissance – Glücksburger Schloß

Zimmer ausgestellt sind. Im Roten Saal warten Tische aus Mahagoni und vergoldete Empirearmsessel, kein Wunder, daß der dänische König Frederik VII. das Schloß 1854 zu seiner Sommerresidenz erkor. In der Schatzkammer lagern Porzellan, Miniaturen und kostbares Silbergeschirr, Kleinodien allüberall. Über das Portal ließ der Bauherr die Buchstaben GGGMF meißeln – Gott gebe Glück mit Frieden. Dem Glücksburger Schloß jedenfalls scheint das genützt zu haben. März–Mai und Okt.–Jan. Di und So 10–12 und 14–16.30 Uhr; 15. Mai–30. Sept. Di–So 10–16.30 Uhr

Hotel

Hotel Intermar
Dieses Hotel zählt zu den besten Adressen, ein nicht gerade schönes Hotel, aber mit einem hervorragenden Restaurant.
Förderstr. 2–4
Tel. 0 46 31/9 41-9 47, Fax 4 95 25
200 Betten
Obere Preisklasse

Essen und Trinken

Orangerie
Direkt an der Promenade liegt die Orangerie, ein moderner Flachbau mit ansprechender Küche.
Mittlere Preisklasse

Holnis ■ C 1/C 2

Die Halbinsel Holnis östlich von Glücksburg ist das eigentliche Badeparadies der Flensburger. Der Strandbesuch kostet zwar Kurtaxe, aber wer seine Groschen sparen will, muß nur ein paar hundert Meter weiter nördlich wandern, allerdings für den kostenlosen Strand mit ein paar größeren Steinen im

Sand rechnen. Der Badestrand ist ideal für Familien mit kleinen Kindern, weil das Wasser sehr flach abfällt. An der Nordspitze liegt das Fährhaus Holnis, von dem in früheren Tagen die Fähre nach Broager auf der dänischen Seite hinüberfuhr. Die Küche hält leider nicht ganz, was die Aussicht verspricht.

Fährhaus Holnis
Tel. 0 46 31/10 45
Mittlere Preisklasse

Idstedt ■ B 2

Auf dem Schlachtfeld von Idstedt wurde 1850 die Auseinandersetzung der aufständischen Schleswig-Holsteiner gegen die übermächtigen Dänen zugunsten der Dänen entschieden. An die blutigen Kämpfe, die einige hundert Menschen das Leben kosteten, erinnert die Gedenkhalle von Idstedt, direkt auf dem ehemaligen Schlachtfeld errichtet. In der Halle sind Orden, Uniformen und Karten zu sehen, auf denen man den Verlauf der Kämpfe nachvollziehen kann. Die Gräber der Gefallenen sind auch heute noch rund um Idstedt zu finden. April–Sept. tgl. außer Mo 8–18 Uhr, Okt.–März tgl. außer Mo 9–17 Uhr. Ansonsten öffnet der Hausmeister auch gern außerhalb der normalen Öffnungszeiten.

Langballigau ■ C 2

In dem modernen Seglerhafen an der Flensburger Außenförde züchtet Hafenmeister Clausen Austern von einer solchen Qualität, daß er inzwischen Restaurants in ganz Deutschland beliefert. In seiner Probierstube am Hafen kann man das flüssige Vergnügen verkosten.
Tel. 0 46 36/82 48

Munkbrarup ■ C 2

In Munkbrarup, 8 km östlich von Flensburg an der B 199, der Nordstraße, steht eine der schönsten restaurierten Holländermühlen des Landes. Franz Stüdtje hat die Mühle von seinem Vater geerbt und in Handarbeit wieder in ihren ursprünglichen Zustand versetzt. Er führt Besucher selbst durch die Mühle. Tel. 0 46 31/25 00

Ochseninseln ■ B 2

Wie zwei Perlen liegen die dänischen Ochseninseln in der Flensburger Förde. Die Inseln befinden sich in Privatbesitz, können aber trotzdem von Mai bis Oktober besichtigt werden. Dazu fährt man über Kollund auf der Küstenstraße nach Sönderhav und klingelt auf dem Kai nach den Isaaks, den Eigentümern der Inseln.

Oeversee ■ C 2

Am 6. Februar 1864 feuerten bei dem Dorf Oeversee, 12 km südlich von Flensburg an der B 76, die vereinigten Preußen und Österreicher auf dänische Soldaten.

Essen und Trinken

Historischer Krug in Oeversee
Das Gasthaus an der B 76 befindet sich seit 175 Jahren in Familienbesitz und hat schon vom dänischen König seine Schankerlaubnis erhalten. Das Restaurant pflegt eine gehobene internationale Küche und ist deshalb auch nicht ganz billig. Die Zimmer liegen von der Straße abgewandt und sind äußerst komfortabel.
(→ Routen und Touren)
Tel. 0 46 30/3 34
Obere Preisklasse

TOP TEN
3

Padborg ■ B 2

Zwischen der A 7 und dem Grenzübergang Krusau liegt das Städtchen Padborg. Wer einmal ein bißchen dänische Atmosphäre schnuppern will, kann das sehr gut in Padborg tun. Natürlich sollte man ein Hot Dog versuchen oder bei Bäcker Bang gleich bei der Bahnunterführung ein Stück Sahnetorte genießen. Seine Backwaren sind bis über die Grenze hinaus berühmt.

Scheersberg/ ■ C 2 Quern

Etwa 20 km liegt bei Quern der 70 m hohe Scheersberg, eine beeindruckende Erhebung inmitten des flachen Landes. Auf dem Scheersberg hat man einen Bismarck aufgestellt, wie überall in der nationalen Euphorie des 19. Jh.

Essen und Trinken

Landhaus Schütt
Im Ortsteil Nübelfeld findet man hier eine der besseren kulinarischen Adressen im Norden.
Nübelfeld 34
Tel. 0 46 32/3 18
Obere Preisklasse

Unewatt ■ C 2

An der Nordstraße, 20 km hinter Flensburg, erhebt sich linker Hand ein eigenartiger Pavillon. Hier entsteht das wohl eigenwilligste Museumsprojekt Schleswig-Holsteins unter der Hand des Landesmuseums in Gottorf. Das Dorf mit seinen typischen Angeliter Häusern soll zu einem lebenden Freilichtmuseum werden. In den nächsten Jahren werden sämtliche Gebäude instand gesetzt.

n Schleswig sind alle zwei Jahre im August die Wikinger los. Die Geschichte hat in der hübschen Schlei-Stadt unübersehbar ihre Spuren hinterlassen.

Schleswig
■ C3

Schleswig hat nicht nur dem nördlichen Landesteil seinen Namen gegeben, die Stadt war auch lange Zeit die Regierungszentrale der beiden Herzogtümer. Kiel ist erst nach 1945 Hauptstadt geworden, selbst die Preußen hielten nach 1864 an Schleswig als Sitz der Provinzialregierung fest. Die Stadt beherbergt immer noch das **höchste Gericht** des Landes, und außerdem hat man ebenfalls nach 1945 die wichtigsten Museen in die Stadt an der Schlei verlegt. So kann man sagen, daß Schleswig heute eine Stadt der Kultur und der Verwaltung ist, mit einem Hang zur verschlafenen Provinzmetropole. Als die Gottorfer Fürsten auf dem Schloß residierten, war das noch anders.

Frühe Macht und später Glanz

Schloß Gottorf war eine der europäischen Machtzentralen im 17. und 18. Jahrhundert, und das nicht zuletzt deshalb, weil die Gottorfer Herzöge auch zugleich als Könige die damals bedeutende Macht Dänemark regierten. Sie ließen das Schloß ausbauen und einen Park anlegen, der zu den wichtigsten Barockgärten in

Europa zählte. Heute ist die Pracht längst bis auf ein paar rudimentäre Überbleibsel verschwunden. Der große Weltgeist hat sich ebenfalls verflüchtigt, und so wird Schleswig von dem Gegensatz zwischen mächtigen Bauten wie dem Dom und dem Schloß auf der einen Seite und den kleinen Häusern der Fischer, Händler und Bürger auf der anderen Seite bestimmt. Der **Wikingturm** überragt alles, die Stadt, das Land und natürlich die Schlei mit der **Möweninsel**, auf der der erste Schleswiger Fürst seine Burg errichtet haben soll. Inzwischen hat man bei Grabungen herausgefunden, daß die erste Burg an der Stelle des heutigen **Grauen Klosters** lag. Der Weg Schleswigs von einer unbedeutenden Siedlung zu einer der wichtigsten Städte des Landes begann mit der Zerstörung der Wikingersiedlung **Haithabu** auf dem südlichen Ufer der Schlei im Jahre 1066. Der Norweger Harald der Harte machte seinem Namen alle Ehre und brannte den über die Grenzen Europas hinaus bekannten Handelsplatz nieder. Haithabu versank im Schlamm, für Schleswig war der Weg zur Macht endlich frei.

Blick durch ein stilles Fischergäßchen auf den Dom von Schleswig

Metropole des Nordens

Es war zu Beginn der Stadtgeschichte um das Jahr 1000 kein stürmischer Aufschwung, der sich da ankündigte. Schleswig hatte zwar auch schon existiert, als Haithabu bis hinein in den arabischen Raum bekannt wurde und ein Händler aus Arabien in seinen Aufzeichnugen notieren konnte, daß die Bewohner von Haithabu von einiger Rohheit wären und die schlechte Angewohnheit hätten, die Kinder, die sie nicht haben wollten, einfach im Moor zu ertränken. Aber Schleswig war doch mehr eine unbedeutende Siedlung. Mit dem Fall der Wikingersiedlung wurde alles anders. Aus der kleinen Siedlung einzelner Fischer, die in ihren Hütten aus Stroh und Lehm mehr schlecht als recht ihr Auskommen fanden, wuchs in den folgenden Jahrhunderten eine Stadt, die es fast bis zu einer Metropole des Nordens gebracht hätte. Die gottorfischen Fürsten bauten in Konkurrenz zu den Bischöfen, die im Schleswiger Dom residierten, ihr Schloß Gottorf zu einer prachtvollen Residenz aus, die in Europa Rang und Namen hatte. Schleswig wurde langsam aber sicher zur Zentralstelle der Macht im Land, auch wenn Lübeck im Süden in wirtschaftlicher Hinsicht immer die weitaus potentere Stadt war. Aber das kümmerte die Schleswiger und ihre Herzöge kaum. Schleswigs Lage im Norden des Landes brachte es mit sich, daß die Stadt immer mehr in den

skandinavischen Einflußbereich rückte. Das betraf vor allem die Politik, und spätestens als der Gottorfer Herzog in Personalunion auch das dänische Königreich regierte, war die Vermischung komplett. Die Irrungen und Wirrungen der großen Politik sollten nicht ohne Auswirkungen auf die Geschichte der Stadt bleiben. Denn als sich im siebzehnten Jahrhundert die herrschaftlichen Linien des dänischen Königshauses und der Herzöge von Gottorf wieder trennten und es sogar zu kriegerischen Auseinandersetzungen kam, geriet die Stadt in den Strudel der Ereignisse, die sie endgültig an den Rand der Weltgeschichte drängen sollte. Als sich die Gottorfer in einem der vielen Kriege an die Seite Schwedens gegen Dänemark stellten, war ihr Schicksal besiegelt. Dänemark blieb Sieger und rächte sich erbarmungslos. Gottorf wurde geplündert, das Schloß als Kaserne genutzt, aller Glanz war dahin. Schleswig versank als kleine Stadt im damaligen dänischen Reich in die Bedeutungslosigkeit, aus der die Stadt bis heute nicht mehr erwacht ist. Das hat ihr nicht unbedingt geschadet.

Beschauliches Leben

Heute ist die Kleinstadt vor allem für ihre Beschaulichkeit bekannt. Die Schlei ist das ideale Revier für Freizeitskipper, und wer Boote nicht leiden kann, für den gibt es das Fahrrad, das in der Gegend mit ihren sanften Hügeln, ihren Knicks und ihren Feldern erfunden worden sein könnte.

Ein Wort zu den sogenannten Knicks, diesen Erdwällen, die das ganze Land, nicht nur die Landschaft Angeln, durchziehen. Vor zweihundert Jahren, als die Herzogtümer noch zu dem dänischen Königreich gehörten, verfügte seine Majestät in Kopenhagen, daß das Land, das bis dahin den Bauern zusammen gehört hatte, also die sogenannte Allmende, aufgeteilt werden sollte. Der Zweck war klar: in einer Zeit, in der noch keine künstlichen Dünger zur Verfügung standen und die Bürger immer mit einer Hungersnot zu rechnen hatten, mußte jeder Flecken Erde so gut es eben ging genutzt werden. Die erste Bodenreform der Neuzeit, die diesen Namen verdient, brachte die Parzellierung der Landschaft mit sich. Damit jeder wußte, welches denn nun sein Stück Land war, befahl der König, die Äcker mit Erdwällen zu umgeben. Später wuchsen auf diesen Wällen Hecken und allerlei Sträucher. So entstanden jene kleinen Bio-Reservate am Rande der Felder, in denen heute oft bedrohte Vögel nisten und seltene Käfer hocken. In den Jahren der Flurbereinigung schien es so, als würden diese in Jahrhunderten gewachsenen Erdwälle zerstört. Aber es kam wieder einmal anders als gedacht und so zieren auch noch heute die Knicks die Landschaft. Heute weiß auch der letzte Bauer ihre Bedeutung zu schätzen. Denn sie erhalten nicht nur der Landschaft ihren idyllischen Charakter, sie verhindern auch, daß der Wind den Boden wegbläst.

Angeln und die Angeliter

Noch bis weit in die siebziger Jahre hinein waren die Dörfer am Nordufer der Schlei, die wie an einer Perlenkette gezogen dem Wasserlauf folgen, nur über Feldwege miteinander verbunden. Die Schleidörferstraße, die Schleswig mit Kappeln verbindet, brachte auch ein wenig Schwung in die abgelegenen Orte.

Ein bißchen hinterwäldlerisch sind die Bewohner dieses Landstrichs bis heute geblieben. Die Angeliter, wie die Einheimischen heißen, geben sich gerne unnahbar und wirken oft ein wenig arrogant. Aber im Grunde haben sie den Widerstand gegen die Versuchungen der Moderne natürlich längst aufgegeben. Sie profitieren ja auch von ihr.

Profitieren wird die Landschaft, jedenfalls auf längere Sicht gesehen, vom geplanten Abzug der Bundeswehr, der für die nächsten Jahre beschlossen ist. Erst einmal ist das Gejammer natürlich groß, denn die Bundeswehr war einer der größten Arbeitgeber in Schleswig und Umgebung. Die Arbeit hat die Menschen im Land gehalten. Jetzt wird die Abwanderung die Dörfer wohl noch weiter entvölkern. Für das Land Schleswig bieten sich dafür neue wirtschaftliche Chancen – der Tourismus ist eine davon. Der Erholungssuchende kommt also auf seine Kosten.

Schleswig

Hotels und andere Unterkünfte

Gottorfer Hof
Gutbürgerliches Hotel mit einfachem Standard.
Gottorfstr. 7
Tel. 0 46 21/3 22 56, Fax 93 99 13
60 Betten
Untere Preisklasse

Haus am Dom
Hotel garni in der Nähe des Rathausplatzes, das nur Frauen aufnimmt.
Töpferstr. 9
Tel. 0 46 21/2 13 88
12 Betten
Mittlere Preisklasse

Stadt Hamburg
Einfaches Hotel direkt an der Einkaufsstraße in der Innenstadt.
Lollfuß 108
Tel. 0 46 21/2 73 33, Fax 2 12 22
85 Betten
Untere Preisklasse

Strandhalle
Hotel mit Schwimmbad und Sauna am Yachthafen.
Strandweg 2
Tel. 0 46 21/2 20 21, Fax 90 91 00
47 Betten
Mittlere Preisklasse

Waldhotel
Das Haus liegt sehr ruhig bei Schloß Gottorf, gute Küche.
Stampfmühle 1
Tel. 0 46 21/2 32 88, Fax 2 32 89
17 Betten
Mittlere Preisklasse

Waldschlößchen
Das beste Haus am Platze mit großem Anbau.
Kolonnenweg 152
Tel. 0 46 21/38 32 83, Fax 38 31 05
140 Betten
Obere Preisklasse

Spaziergang

Rund um den **Dom** erstreckt sich die Altstadt von Schleswig. Von dem Südportal des Doms an der Süderdomstraße geht es in die Töpferstraße. Wo die Süderholmstraße auf die Töpferstraße trifft, biegt man links ab und kommt nach wenigen Metern auf den **Rathausmarkt**, an dessen Nordseite das historische Rathaus steht, das vor wenigen Jahren zusammen mit den Resten des Grauen Klosters zusammengelegt und restauriert wurde. Hinter dem Rathaus verläuft die Marktstraße nördlich in Richtung Lange Straße. In der Langen Straße 9 steht das schönste Bürgerhaus des Spätbarock. Geht man die Lange Straße ein paar Meter weiter, trifft man auf den **Gallberg** mit einem Ensemble historischer Gebäude. Das »**Freinssche Haus**« am Gallberg 3 wurde von dem herzoglichen Kellermeister Freins 1663 nach holländischem Vorbild errichtet, die Nummer 4 ist der ehemalge Schmiedehof. Vom Gallberg geht es rechts in die Klosterhofer Straße und dann wieder rechts in den Holmer Noorweg. Beide Straßen begrenzen die alte **Fischersiedlung Holm**, in der noch immer ein paar Fischer wohnen, die ihr Handwerk wie eh und je verrichten.

Sehenswertes

Dom
Die ersten Mauern der dreischiffigen gotischen Hallenkirche reichen bis ins 11. Jh. zurück. Die heutige Gestalt entstand aber im wesentlichen im 15. Jh., als die katholische Kirche auf dem Höhepunkt ihrer wirtschaftlichen und politischen Macht war. Der Turm mit seinen 112 m Höhe wurde 1894 aufgesetzt. Er war ein Geschenk des

SEHENSWERTE ORTE UND AUSFLUGSZIELE

deutschen Kaisers, der seiner neu-en Provinz etwas geben wollte, was sie bis dahin noch nicht hatte. Welt-berühmtes Kunstwerk im Inneren ist der **Bordeshol-mer Altar**, der 1514–21 von Hans Brüggemann geschnitzt wurde, ein Meisterwerk mit 392 Figuren und einer Höhe von 16 m. Der Altar ist vor kurzem restauriert worden. Sehenswert sind außer-dem der mittelalterliche **Dreikö-nigsaltar**, das **Grabmal** des däni-schen Königs Frederik I. und das Gemälde **Blaue Madonna** von dem Rembrandt-Schüler Jürgen Ovens.

TOP TEN
2

Fischersiedlung Holm

Die eigentliche Attraktion der ehe-maligen Siedlung der Fischer Schleswigs ist, auch wenn es sich eigenartig anhören mag, der kleine **Friedhof**. Selten ist ein Gottesacker so anmutig gestaltet worden, selten fügt sich ein Friedhof so perfekt in seine Umgebung. Die Menschen haben mit dem Tod gelebt, der für sie ein alltäglicher Begleiter war. Ein Baumkranz umsteht die Gräber der Fischer, auch heute noch werden hier Menschen beerdigt. Am besten ist es, wenn man einfach durch die Straßen mit den kleinen Häusern wandert und sich von der Atmo-sphäre gefangen nehmen läßt. Fischer gibt es auf dem Holm nur noch eine knappe Handvoll, aber es gibt sie noch.

Neuwerk

Nördlich vom Schloß Gottorf liegt Neuwerk, der einstige Barockgarten des Schlosses, dessen Pracht in ganz Europa berühmt war. Als der Gottorfer Herzog zum dänischen König gekrönt worden war und sei-ne Residenz nach Kopenhagen ver-legte, endete die Blütezeit des Schlosses – und des Gartens. Heute sind nur noch der **Neptunbrunnen** und ein **korinthischer Tempel** übriggeblieben. Die Terrassen der Anlage sind zwar noch in ihren Grundzügen zu erkennen, aber inzwischen vollständig von städti-schem Forst bedeckt.

Abendstimmung an der Schlei: Fischreusen trocknen in der Abendsonne

Rathaus

Der klassizistische Bau hinter dem Dom in der Altstadt wurde 1794 an der Stelle errichtet, an der die Klosterkirche des ehemaligen Franziskanerklosters stand. Im Inneren des Gebäudes, das nach der Sanierung vor wenigen Jahren mit den Resten des Klosters verschmolzen wurde, hat sich der ehemalige **Ständesaal** erhalten. Von dem Kloster selbst sind nur noch ein paar Mauern, der Haupteingang und Reste des Kreuzganges erhalten. Im Tagungssaal lohnt es sich einen Blick auf die expressionistischen Wandgemälde des Schleswiger Malers Kai Nebel und damit auf die Kunst der 20er Jahre zu werfen.

Wikingturm

Der Wikingturm aus den 70er Jahren ist vor allem eines: überragend. Am Anfang war er nichts weiter als eine Bauruine, bis sich dann doch noch ein Käufer fand. Heute befinden sich in dem Turm, der alle architektonischen Dimensionen sprengt

und allgemein als Bausünde der 70er Jahre betrachtet wird, ausschließlich Eigentumswohnungen. Einen Vorteil hat der Turm aber doch: Von seinem Café hat man einen herrlichen Blick über die Schlei, die Stadt und das Umland.

Museen

Schloß Gottorf

In der ehemaligen Residenz der Herzöge von Schleswig-Holstein-Gottorf ist das Schleswig-Holsteinische Landesmuseum untergebracht, die Zentralstelle aller Museen und gleichzeitig das wichtigste Museum im Land. Angeschlossen sind Schloß Gottorf, das Archäologische Landesmuseum der Christian-Albrecht-Universität in Kiel sowie die Dependancen in Haithabu und Cismar. Das Archäologische Landesmuseum verfügt über die umfangreichsten Sammlungen zur Vor- und Frühgeschichte in Deutschland. Das Landesmuseum mit seiner umfangreichen Sammlung zur Kunst- und

Heute ein vielbesuchtes Kunstmuseum – Schloß Gottorf

Kulturgeschichte Schleswig-Holsteins kann mit Höhepunkten wie dem **Nydam-Boot** in der Nydam-Halle aus der Zeit der Wikinger und ein paar Moorleichen, die schon Generationen von Schulklassen das Gruseln gelehrt haben, aufwarten. Im ehemaligen Reitstall der Schloßanlage hat man ein Museum für moderne Kunst eingerichtet, das sich durch seine Wechselausstellungen auch über die Landesgrenze hinaus einen Namen gemacht hat.
April–Okt. tgl. 9–17 Uhr, Nov.–März tgl. 9.30–16.30 Uhr, Mo geschl.

Städtisches Museum

Das Museum ist in einem ehemaligen Adelspalais untergebracht, das im 17. Jh. für eine persische Gesandtschaft am Gottorfer Hof errichtet worden ist. Es widmet sich vor allem der Geschichte der Stadt und ist durch Ausstellungen bekannt geworden, die sich kritisch mit der eigenen Vergangenheit auseinandersetzen. Sehenswert vor allem die umfangreiche Sammlung von Spielzeugen und eine restaurierte historische Druckerei mit Setz- und Druckmaschinen.
Friedrichstr. 7–11
Di–So 10–17 Uhr

Essen und Trinken

Olschewskis

Das Restaurant am Hafen mit Terrasse hat sich auf Fischgerichte spezialisiert, die garantiert frisch auf den Tisch kommen.
Hafenstr. 40
Tel. 0 46 21/2 55 77
Mittlere Preisklasse

Schleimöwe

Fisch ist auch hier das Wichtigste auf der Speisekarte. Etwas nobleres Ambiente, aber ohne Krawattenzwang. Spezialität: Hering.

Am Süderholm 8
Tel. 0 46 21/2 43 09
Mittlere Preisklasse

Senator-Kroog

Das Restaurant am Rathausmarkt bietet reichlich Fisch- und Fleischgerichte, wobei das Hauptgewicht auf Fleisch liegt. Die Zubereitung ist meist etwas deftig.
Rathausmarkt 9
Tel. 0 46 21/2 22 90
Mittlere Preisklasse

Stadt Flensburg

Hotel mit gutbürgerlichem Restaurant.
Lollfuß 102
Tel. 0 46 21/2 39 84
Mittlere Preisklasse

Einkaufen

Haupteinkaufsstraße ist der sogenannte Stadtweg Richtung Bismarck-, bzw. Plessenstraße. Westlich der Bismarckstraße findet man eher die Waren des täglichen Gebrauchs und die Kaufhäuser, östlich rund um den Kornmarkt kleine Spezialitätengeschäfte und alteingesessene Geschäfte. Für eine Erfrischungspause bietet sich das Café des Wikingturmes an. Vom 26. Stock hat man einen schönen Blick, der aber mit minderer Qualität bei Kaffee und Kuchen bezahlt werden muß.
Wikingeck
Tel. 0 46 21/2 30 14
Untere Preisklasse

Am Abend

Das Nachtleben ist in Schleswig nicht gerade erfunden worden. Abwechslung bietet das Stadttheater, an dem die Truppe des Landestheaters häufig gastiert, oder aber die kleinen Kneipen im Stadtkern.

Auskunft
Touristeninformation
Plessenstr. 7
Tel. 0 46 21/81 42 26

Camping
Haddeby
Tel. 0 46 21/3 24 50

Reiten
Reitsportzentrum
Husumer Str.
Tel. 0 46 21/2 16 66

Schleifahrten
Gottorfdamm 1
Tel. 0 46 21/2 33 19

Theater
Lollfuß 49–53
Tel. 0 46 21/2 59 89
Spielzeit Mitte Sept.–Ende Mai

Ausflugsziele

Arnis ■ C 2

600 Einwohner hat Arnis und ist damit die kleinste Stadt Schleswig-Holsteins. Die Stadtrechte wurden 1934 verliehen. Im Grunde besteht Arnis aus nur einer Straße, der **Langen Reihe**. In der Langen Reihe Nr. 13 steht eine Fachwerk-Saalkirche von 1669 mit Renaissancekanzel und Votivschiffen aus dem 18. und 19. Jh. Die Gründung des Ortes verdankt Arnis dem Gutsherren von Rumohr, der als Herr über Kappeln 1667 von seinen Untergebenen den Huldigungseid der Leibeigenschaft verlangte. 62 Familien weigerten sich, den Eid zu leisten und zogen auf die damalige Schlei-Insel, die heute mit dem Land verbunden ist. Ein schönes Beispiel dafür, wie durch Ungehorsam etwas Neues entstehen kann.

Von Arnis führt ein hübscher Wanderweg ins etwa 3 km entfernte Kappeln.

Beschauliche Atmosphäre in Arnis, der kleinsten Stadt Schleswig-Holsteins

SEHENSWERTE ORTE UND AUSFLUGSZIELE

Essen und Trinken

Zur Schleiperle
Kleines Restaurant direkt am Fähranleger mit selbstgemachtem Kuchen und Fischspezialitäten.
Tel. 0 46 42/20 85
Untere Preisklasse

Damp ■ C 2/D 2

Der kleine Ort, 17 km nordöstlich von Eckernförde, ist seit 1973 ein modernes Badeparadies, also eine Bettenburg. Damp 2 000 nennt sich diese Ferieneinrichtung, die nicht nur den Ort, sondern auch den 3 km langen Sandstrand dominiert. Dank des Freizeitbades »Aqua Tropicana« ist Damp ganzjährig geöffnet. Wer etwas Ruhe sucht, findet sie bei einem Ausflug zum etwa 1 km von Damp entfernten barocken Herrenhaus von **Gut Damp**. Die Innenräume sind leider nicht zu besichtigen.

Service

Auskunft
Information
Seeuferweg
Tel. 0 43 52/8 06 66

Danewerk ■ B 3

Das Danewerk trennte das Deutsche Reich vom dänischen Reich. Gottrik, König von Dänemark, ließ im 8. Jh. einen Verteidigungswall anlegen, um Karl dem Großen, seinem mächtigen Gegenspieler, Paroli bieten zu können. In späterer Zeit wurde der nach **Haithabu** führende Wall errichtet. Ausbauten, insbesondere die vorgesetzte Ziegelsteinmauer Waldemars aus der zweiten Hälfte des 12. Jh., machten das Danewerk zu einem der wichtigsten fortifikatorischen Bauten im Norden Europas. Von der ehemals 8 m hohen und 2 m dicken Ziegelsteinmauer sind noch immer Reste vorhanden, die bei einer Wanderung rund um das Dorf Busdorf besichtigt werden können.

Eckernförde ■ C 3

Eckernförde ist mit seinen 22 000 Einwohnern eine der größeren Städte im Land, aber man merkt es dem Ostseebad nicht so richtig an. Hier herrscht Familienatmosphäre, der Hafen hat seine Geschäftigkeit abgelegt, und auch die Aktivitäten der Bundesmarine, die hier eine Torpedoversuchsstation unterhält, sind merklich weniger geworden. Südlich der Altstadt erstreckt sich auf 4 km einer der kinderfreundlichsten Sandstrände Schleswig-Holsteins, wahrscheinlich säumt auch aus diesem Grund eine dichtgeschlossene Reihe von Eigentumswohnungen die Strandpromenade. Eckernfördes eigenwilligstes Bauwerk ist ein **Getreidesilo** von Hans Hansen aus dem Jahr 1930, ein dreizylindriger Backsteinbau, der sich an expressionistischer Architektur orientiert. Das alte Rathaus im Kern aus dem 16. Jh. hat man zu einem ansehnlichen **Heimatmuseum** ausgebaut. In den Kuranlagen am Hafen finden sich noch Erinnerungsstücke aus der Zeit des schleswig-holsteinischen Aufstandes gegen die Dänen, als vor Eckernförde zwei dänische Kriegsschiffe in Brand geschossen wurden.

Hotels

Hotel Seelust
Gutbürgerlicher Standard direkt am Badestrand.
Preußenstr. 3
Tel. 0 43 51/50 75
130 Betten
Mittlere Preisklasse

Strandhotel »Kiek in de See«
Im Restaurant eine Sammlung historischer Schiffsmodelle. Die Küche hält sich eher an die Moderne.
Am Südstrand 5
Tel. 0 43 51/29 56
24 Betten
Mittlere Preisklasse

Essen und Trinken

Eckernförder Fischdeel
Fischspezialitäten in gemütlicher Umgebung. Das verwinkelte Restaurant bietet eine eher rustikale Atmosphäre.
Kattsund 22
Tel. 0 43 51/56 51
Mittlere Preisklasse

Ratskeller
Wild und Fisch in historischen Räumen. Einen Blick lohnt auch die Weinkarte, auch wenn das Angebot landestypisch knapp ausfällt.
Am Rathausmarkt
Tel. 0 43 51/24 12
Mittlere Preisklasse

Einkaufen

Fischräucherei Rehbehn und Kruse
Jungfernstieg 19

Nemo Galerie im Bootshaus
Die Galerie hat sich auf Kunst aus dem Norden spezialisiert und genießt einen überregionalen Ruf.
Am Südstrand 1
Tel. 0 43 51/27 50

Service

Auskunft
Kurverwaltung
Preußenstr. 1
Tel. 0 43 51/9 05 20

Haithabu ■ C 3

Die Wikinger waren ein nicht nur kriegerisches, sondern auch ein sehr vorsichtiges Völkchen. Ihre Siedlung Haithabu am Südufer der Schlei liegt versteckt am **Haddebyer Noor**, einem kleinen Bin-

TOP TEN 5

Den Wikingern auf der Spur in Haithabu

nensee. Hier fand man auch 1979 die Überreste eines Handelsschiffes aus der Zeit um 1 000, als Haithabu Knotenpunkt im Handelsverkehr war. Das Schiff wird im **Wikinger-museum Haithabu** restauriert. Interessant auch die architektonische Struktur des Museumsbaus, der 1985 in Form von sieben auf den Rücken gedrehter Boote gebaut wurde und die Sammlung optisch eindrucksvoll präsentiert. Das Museum vermittelt einen umfassenden Überblick von Leben und Sterben in der Wikingerstadt, über die man selbst in arabischen Schriften aus dieser Zeit Zeugnisse gefunden hat.
Wikinger Museum Haithabu
April–Okt. tgl. 9–18 Uhr, Nov.–März Di–Fr 9–17, Sa und So 10–18 Uhr

Jübek
■ B 2

Jedes Jahr Anfang Juli veranstaltet ein privater Verein nicht ganz uneigennützig das einzige Rockspektakel in Schleswig-Holstein. In dem kleinen Ort, 15 km westlich von Schleswig, finden 20 000 Rockbegeisterte Platz, ohne die Einheimischen zu stören. Der Ort ist außerdem bei Motorsportlern für seine Sandbahnrennen ein Begriff.

Kappeln
■ C 2

Die Stadt am Ende der Schlei wird von der 32 m hohen Holländermühle **Amanda** von 1888 beherrscht, in der heute das Touristenbüro untergebracht ist. Die Stadt hat sich eine Reihe von historischen Gebäuden aus dem 18. und 19. Jh. erhalten. Die Kirche ist ein achteckiger Ziegelbau mit barockem Turmaufsatz und einem Altar von Hans Gudewerdt dem Jüngeren. In Kappeln, oder besser in der Kappelner Schlei, steht der letzte Heringszaun des Landes, in dem sich immer noch die Schwärme fangen. Und weil der Heringszaun eine solche Attraktion ist, feiert man in Kappeln jedes Jahr die Kappelner Heringstage. Dann ist das kleine Städtchen voller Leben. Serviert wird in den Gaststätten – wie sollte es anders sein – jede Menge Hering.

Hotel

Hotel Aurora
Das beste Haus am Platze direkt am Rathausmarkt. Gepflegte Küche.
Rathausplatz 6
Tel. 0 46 42/40 88
Mittlere Preisklasse

Idyllischer Ort am Ende der Schlei – Kappeln

Service

Auskunft
Tourist-Information
Schleswiger Str. 1
Tel. 0 46 42/45 55

Maasholm ■ D 2

Der Fischerort am Ausgangspunkt der Schlei, 10 km östlich von Kappeln, ist ein beliebter Ausflugsort. Es läßt sich wunderbar zwischen den restaurierten Reetdachkaten flanieren. Von Maasholm aus gehen Hochseeangelfahrten auf die Ostsee, von hier fahren Ausflugsschiffe nach Dänemark.

Essen und Trinken

Martensen's Gasthof
Hauptstr. 38
Tel. 0 46 42/60 42

Schleihalle
Westerstr. 113
Tel. 0 46 42/62 62
In beiden Häusern werden Fischspezialitäten geboten. Besonderes Kennzeichen: immer frisch.

Service

Hochseeangelfahrten
Fredi Bruhn
Am Hafen
Tel. 0 46 42/60 62

Naturpark Hüttener Berge ■ C 3

Westlich von Eckernförde liegt das Naherholungsgebiet Hüttener Berge. In diesem Naturpark, einem von fünf im Land, mit seinen Wäldern, Flüssen und Ausflugslokalen erhebt sich die nach dem **Bungsberg** in der Holsteinischen Schweiz zweit-

höchste Erhebung Schleswig-Holsteins mit stolzen 106 m. Das Dorf Ascheffel, ebenfalls in den Hüttener Bergen, verfügt mit dem 98 m hohen **Aschberg** über die dritthöchste Erhebung im Land. Auf dem Aschberg steht seit 1927 eine Bismarckstatue, die im Jahr 1900 auf dem Knivsberg bei Apenrade errichtet wurde. Als Apenrade 1920 dänisch wurde, mußte der kriegerische Reichskanzler auf den Aschberg weichen.

Sieseby ■ C 2

In dem kleinen Schleidorf, 25 km östlich von Schleswig, ist es nicht nur schön, hier kommen auch Feinschmecker zu ihrem Recht. Im Schlie-Kroog, der in dem Alten Pastorat des Dorfes untergebracht ist, wird hervorragend gekocht. Spezialitäten sind natürlich auch hier alle Arten von Fisch, aber auch Deftiges mit einem stark regionalen Einschlag.

Essen und Trinken

Schlie-Kroog
Dorfstr. 19
Tel. 0 43 52/25 31
15. Jan.–Ende Febr. geschl.
Obere Preisklasse

Süderbrarup ■ C 2

Vergnügen muß sein: In dem Landort, 25 km nordwestlich von Schleswig, findet jedes Jahr der größte Land-Jahrmarkt ganz Schleswig-Holsteins statt. Von Kappeln fährt eine Museumsbahn nach Süderbrarup, man kann aber auch den entgegengesetzten Weg nehmen. Auskunft darüber gibt die
Angelner Dampfeisenbahn
Nestleweg
Tel. 0 46 42/2 93 48

Ein Hotel gab der Landschaft um die Stadt Eutin vor einhundert Jahren ihren Namen: Die Schweiz Holsteins ist heute eine Ferienidylle mit über 80 Seen.

Die Stadt zwischen den Seen mit ihrem hübschen Schloß war einmal der Musenhof Schleswig-Holsteins, eine kulturelle Enklave inmitten all der bäuerlichen Alltagskultur rings umher. Der Eutiner Fürstbischof August, ab 1773 auch Herzog von Oldenburg, holte an seinen Hof Künstler, Dichter und Gelehrte mit Namen, die auch heute noch in den Ohren klingen. **Johann Heinrich Voß**, der hier Homers Odyssee als erster ins Deutsche übersetzte, und **Friedrich Leopold zu Stolberg** wirkten in Eutin, Dichter wie Klopstock und Matthias Claudius, der sein berühmtes »Der Mond ist aufgegangen« allerdings auf **Gut**

Eutin

■ E 4

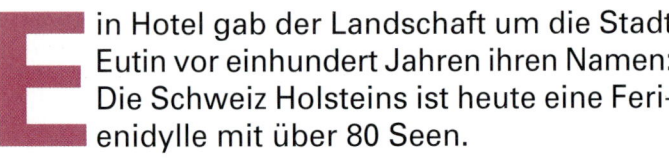

TOP TEN
9

Emkendorff dichtete, waren häufig am herzoglichen Hof zu Gast, der Maler Tischbein, dessen Bildnis von Goethe in der römischen Campagna später berühmt werden sollte, war Hofmaler, und schließlich und endlich wurde 1768 **Carl Maria von Weber** in Eutin geboren – der berühmteste Sohn der Stadt, dem zu Ehren jedes Jahr vor dem Schloß die Sommerspiele abgehalten werden. Das Schloß selbst wird wohl noch auf Jahre hinaus geschlossen bleiben – es wird nach allen Regeln der Kunst restauriert. Dann wird wohl endlich auch wieder die berühmte Sammlung von Tischbeingemälden zu sehen sein. Die Kreisstadt

Eutin ist das Zentrum der Holsteinischen Schweiz

mit ihren 17 000 Einwohnern lebt heute von ihrer großen Vergangenheit und natürlich auch vom Tourismus.

Holsteinische Schweiz

Es ist schon immer das Privileg der hohen Herren dieser Welt gewesen, die schönsten Fleckchen Erde für sich zu beanspruchen. In Schleswig-Holstein ist dies ohne Zweifel das Gebiet zwischen Eutin, Plön, Neustadt, Oldenburg und Preetz, das als die Holsteinische Schweiz bekannt geworden ist.

Herrenhäuser und Landschaftsgärten

Die eigentliche Geschichte dieser eigenwilligen Landschaft, die von den Dichtern nicht ganz grundlos als ein irdisches Arkadien beschrieben und manchmal geradezu gefeiert worden ist, beginnt mit den Grafen und adligen Gutsherren im 17. Jahrhundert. Zu dieser Zeit entstanden die ersten größeren Herrenhäuser, die vor allem im 18. Jahrhundert zu kleinen Schlössern ausgebaut werden sollten und einen eigenen Stil begründeten. Die Herrenhauskultur, die so sehr an das England der Lords und reichen Snobs erinnert, entfaltete sich in der Holsteinischen Schweiz am prachtvollsten. Oder sollte man besser sagen, am eindrucksvollsten? Denn es ist beileibe nicht nur der bloße Prunk, der auch heute noch begeistern kann. Viele Herrenhäuser waren von Land-schaftsparks umgeben, die meist im Stil englischer Landschaftsgärten angelegt waren. Leider ist von den Grünanlagen nur noch selten etwas vorhanden, weil die Pflege Unsummen verschlingt, die sich heute kaum noch ein Herrenhäusler erlauben kann. So ist es der Demokratisierung der Adelskultur zu verdanken, daß eine Reihe der Herrenhäuser überhaupt die Zeit einigermaßen unversehrt überstanden hat. Etwas mehr als einhundert Herrenhäuser gibt es noch im Land, aber nur eine Handvoll stehen der Öffentlichkeit offen.

Irdisches Arkadien

Die Holsteinische Schweiz ist auch so ein grünes Paradies, ein großer Garten, in dem jeder Wanderer nach seiner Fasson selig werden kann. Ihren Namen verdankt die Landschaft den Brüdern Janus, die 1885 am Kellersee ein Hotel errichteten und für ihr Haus, das sie »Holsteinische Schweiz« genannt hatten auch über die Region hinaus Reklame machten. Das Hotel gibt es heute nicht mehr, doch der Name blieb. Heute residiert in dem Gebäude sinnigerweise die Finanzbehörde (→ Routen und Touren, S. 109). Die Landschaft mit ihren Seen, dem Selenter See, dem Plöner See (→ Routen und Touren, S. 115), dem Dieksee, dem Eutiner See, dem Kellersee und nicht zuletzt dem sagenumwobenen Uklei-See, in dem ein untreuer Ritter mit Mann und Maus versunken sein soll, war schon

SEHENSWERTE ORTE UND AUSFLUGSZIELE

immer für ihre Schönheit berühmt. Aber auch die Städte, die heute allesamt den Charme von Kleinstädten ausstrahlen, haben ihre Geschichte, die durchaus bemerkenswert ist.

Das Schloß von Plön

Plön war der einstige Residenzort des Herzogtums Schleswig-Holstein-Sonderburg-Plön – hoch über dem See haben die beiden Söhne des letzten deutschen Kaisers ihre Erziehung genossen. Das Schloß wurde von 1633-1636 unter Herzog Joachim Ernst als Dreiflügelanlage erbaut. Heute beherbergt das Schloß ein Internat. An die Prinzen erinnert die Prinzeninsel, eine Halbinsel, die sich in den Plöner See reckt, auf der sich wunderbar spazierengehen läßt (→ Routen und Touren S. 115).

Schöne Aussicht vom Bungsberg

Die Seen und Wälder, Städte wie Eutin, Plön, Oldenburg oder Preetz, natürlich die imposanten Herrenhäuser in wunderbare Landschaft und Parks eingebettet, das ist Einiges, aber da gibt es noch etwas Markantes in dieser zumeist flachen Landschaft. Die Holsteinische Schweiz verfügt über den einzigen Berg des Landes, der diesen Namen jedenfalls im Ansatz verdient. Mit 166 Metern Höhe über Normalnull bietet der Bungsberg bei Schönwalde die beste Aussicht weit und breit, bei gutem Wetter bis nach Dänemark. Wer es lieber tiefer hat, muß zum Hemmelsdorfer See bei Ratekau fahren. Dort wartet mit 72 Metern die tiefste Stelle des ganzen Landes: das muß genug sein.

Gut Panker gehört zu den schönsten Herrenhäusern Schleswig-Holsteins

Hotels

Hotel Freischütz
Hotel garni in der Nähe des Kleinen Eutiner Sees.
Braaker Str. 1
Tel. 0 45 21/24 60, Fax 40 49
15 Zimmer
Mittlere Preisklasse

Voß-Haus
Das ehemalige Wohnhaus von Johann Heinrich Voß ist zu einem anspruchsvollen Hotel ausgebaut worden, in dem historisches Ambiente die Atmosphäre bestimmt. Hervorragend das Restaurant.
Am Voß-Platz 6
Tel. 0 45 21/17 97
16 Zimmer
Obere Preisklasse

Wiesenhof
Hotel garni am Kellersee, Fitneßanlagen.
Leonhardt-Boldt-Str. 25
Tel. 0 45 21/27 26
12 Zimmer
Mittlere Preisklasse

Spaziergang

Von der Freilichtbühne im Schloßpark geht es am **Großen Eutiner See** entlang zum **Schloß**. Von dem Schloßplatz führt die Schloßstraße auf die Köststraße, die links auf den Marktplatz führt. Das bauliche Ensemble vermittelt einen geschlossenen Eindruck von der gutbürgerlichen Wohnkultur des 19. Jh. Das Rathaus wurde 1791 gebaut, das Witwenpalais von 1766 ist mit dem Fachwerkhaus Markt 10 aus dem 17. Jh. das älteste Haus der Stadt. Hinter dem Markt führt die Stolbergstraße wieder in Richtung Schloß, das rechter Hand liegengelassen wird. Interessant die Wohnhäuser, u. a. das des Grafen Stolberg; die

Straße ist mittlerweile unter Denkmalschutz gestellt. Über die Schloßstraße erreichen wir die **Seepromenade**, die direkt zum Seepark führt, in dem es sich wunderbar flanieren läßt.

Sehenswertes

Das **Schloß**, der einstige Fürstbischofssitz, kann leider wegen Renovierungsarbeiten bis auf weiteres nicht besichtigt werden. Das **Schloßmuseum** beherbergt u. a. die größte Portraitsammlung Norddeutschlands.

Museum

Ostholstein-Museum
In dem ehemaligen Marstall des Eutiner Schlosses ist jetzt das Museum für die Region untergebracht. Ständige Ausstellungen wie »Eutin zur Goethezeit«, »Die holsteinische Landschaft in der Malerei« und »Bürgerliches Leben« werfen kunst- und kulturhistorische Blickpunkte auf die Region.
Schloßplatz 1
Mai–Aug. Di, Mi und Fr–So 10–13 und 14–17 Uhr, Do 10–13 und 18–19 Uhr, sonst Di, Mi, Fr, Sa 15–17 Uhr, Do und So 10–12 und 15–17 Uh

Essen und Trinken

Bistro Bott
Kleines Bistro direkt dem Schloß gegenüber.
Stolbergstr. 17
Tel. 0 45 21/7 42 82
Untere Preisklasse

Carl-Maria-von-Weber-Café
Café im Geburtshaus des Komponisten, hausgemachte Pralinen, historisches Ambiente.
Lübecker Str. 48
Tel. 0 45 21/25 03
Mi geschl.
Untere Preisklasse

Fissauer Fährhaus
Fisch und Wild am Kellersee.
Eutin-Fissau
Tel. 0 45 21/23 83
Mittlere Preisklasse

Forsthaus am Ukleisee
Herrlich am See gelegen.
Eutin-Sielbeck
Tel. 0 45 21/97 05
Mittlere Preisklasse

Pinocchio
Der Italiener von Eutin.
Markt 12
Tel. 0 45 21/7 17 82
Mittlere Preisklasse

Einkaufen

Mittwochs und sonnabends findet auf dem Markt ein Wochenmarkt statt.

Galerie Schwedenkate
Aktuelle Kunst.
Krete 6
Eutin-Fissau
Tel. 0 45 21/45 80
Nov.–Ende Feb. geschl.

Am Abend

Eutiner Sommerspiele
Jedes Jahr von Mitte Juni–Ende Aug. feiern die Eutiner ihren Carl Maria von Weber mit Festspielen vor dem Schloß. Auf der Tribüne am See finden 2 000 Besucher Platz.
Eutiner Sommerspiele GmbH
Postfach 112
Tel. 0 45 21/21 61
Kartenzentrale
Tel. 0 45 21/21 61, 61 40 und 61 69

tam tam
Disco und Steakhaus in einem.
Plöner Str. 89
Tel. 0 45 21/93 30
Fr und Sa 20–5 Uhr

Service

Auskunft
Kurverwaltung Eutin
Bleekergang
Tel. 0 45 21/31 55

Freizeit-Center 2 000
Ohnstr. 6
Tel. 0 45 21/7 17 27

Kutschfahrten
Eduard Moser
Holstenstr. 3
Tel. 0 45 21/26 92

Seenrundfahrt
Von Mitte April–Ende Okt. mit der M/S Freischütz Rundfahrt auf dem Großen Eutiner See.
Tel. 0 45 21/33 44

Stadtführungen
Frau Tappe
Tel. 0 45 21/7 13 18

Ausflugsziele

Altenkrempe   ■ E 4

Der Ort, 4 km nördlich von Neustadt, gilt vielen als das schönste Dorf in der Holsteinischen Schweiz. Altenkrempe war bis zur Gründung von Neustadt der wichtigste Ort der Gegend und damit auch sehr wohlhabend. Diesen Reichtum kann man auch heute noch an den imposanten Bauernhäusern ablesen. Die Kirche des Dorfes, von Reetdachkaten umstanden, ist eine gewölbte Backsteinbasilika vom Ende des 12. und der ersten Hälfte des 13. Jh., die Taufe stammt aus dem 13. Jh. In der Nähe ist das **Gut Hasselberg** einen Besuch wert, eine der beeindruckendsten Anlagen des Landes.

Bosau   ■ D 4

In Bosau, 11 km westlich von Malente, wurde Geschichte geschrieben. Hier hat Bischof Helmold seine Slawenchronik verfaßt und Vizelin, der Apostel der Holsten, eine trutzige **Feldsteinkirche** erbaut. Die Kirche, im wesentlichen aus dem 12. Jh., beherbergt einen Schnitzaltar, der um 1370 entstand. Das granitene Taufbecken aus der Zeit um 950 stammt von der schwedischen Insel Gotland. Von Bosau aus kann man eine Bootspartie über den **Großen Plöner See** unternehmen.

SEHENSWERTE ORTE UND AUSFLUGSZIELE

Service	Hotel

Plöner Motorschiffahrt
Fegetasche
Plön
Tel. 0 45 22/67 66
Mitte Mai–Mitte Sept.

Genueser Schiff
Moderner Komfort und anspruchs-
volle Küche.
Seestraße 80
Tel. 0 43 81/75 33
80 Betten
Mittlere Preisklasse

Hansühn ■ E 3

In der neugotischen **Saalkirche** des
kleinen Dorfes, 5 km östlich von
Lütjenburg, befindet sich eine
schwarze Madonna aus dem 14. Jh.
Sehenswert auch der barocke Holz-
altar mit spätgotischem Relief.

Hohwacht ■ E 3

Das ehemalige Fischerdorf, 8 km
nordöstlich von Lütjenburg, gab der
Hohwachter Bucht ihren Namen. In
Hohwacht, das heute nahezu ausschließlich vom Tourismus lebt, fas-
ziniert vor allem die 20 m hohe Steil-
küste, an der die Ostsee wie eine
hungrige Katze nagt.

Kletkamp ■ E 4

Schloß Kletkamp liegt inmitten eines 1 000 ha großen Areals, 10 km
südöstlich von Lütjenburg. Das Herrenhaus stammt aus dem 16. Jh.,
die dreigeschossige übergiebelte
Fassade aus dem Jahr 1676. Zu der
Anlage gehören diverse Fischteiche
und ein Torhaus aus dem Jahr 1773.
In dem Herrenhaus hat Graf Brock-
dorff zwölf Appartements einrichten
lassen. Es hat eine besondere Note
hier zu wohnen. Die denkmalgeschützten Räume im Erdgeschoß
können gemietet werden.
Tel. 0 43 81/70 28

Auf geht´s zur Fünf-Seen-Fahrt von Malente aus

Lütjenburg ■ E 3

Die Kleinstadt Lütjenburg liegt auf einem Hügel und ist schon von weitem zu sehen. Drei Brände haben in den letzten Jahrhunderten einiges an Schaden angerichtet, aber immer noch ist die behagliche Beschaulichkeit längst vergangener Zeit bestimmend. Das **Färberhaus** am Markt stammt von 1576, die **Michaeliskirche** aus dem 13. Jh. Das Freigrabmal derer von Reventlow aus Alabaster und Sandstein gilt als die bedeutendste Grabanlage des Manierismus in Schleswig-Holstein. Das eingeschossige Rathaus von 1790 fällt dagegen schon recht bescheiden aus. Vom **Bismarckturm** hat man einen herrlichen Blick über die Landschaft.

Malente-Gremsmühlen ■ E 4

Malente ist der Kurort der Kurorte in der Holsteinischen Schweiz. Hierher kommen nicht nur Alte und Kranke, um Gesundheit zu tanken, hier trainiert u. a. auch die deutsche Fußball-Nationalmannschaft sehr gerne. Malente ist inzwischen mit Gremsmühlen zu einem Ort verschmolzen. Die **Alte Räucherkate**, heute ein Museum zur landwirtschaftlichen Geschichte, hat man vom Marktplatz etwas an den Rand versetzt, weil sie einem Neubau im Weg stand. Von Malente aus, das von zahlreichen Seen umgeben ist, führt ein Weg in den **Dodauer Forst**. Dort steht der wohl ungewöhnlichste Briefkasten der Welt, die **Bräutigamseiche**. Liebende hinterlassen hier in luftiger Höhe ihre Botschaften, und der Postbote holt sie dann über eine 3 m lange Holzleiter aus dem Baum, um sie in die Welt zu schicken.

Hotels

Hotel Dieksee
Sehr gutes Haus mit sehr guter Küche.
Diekseepromenade 13/15
Tel. 0 45 23/30 65, Fax 64 48
90 Betten
Obere Preisklasse

Dieksee-Holm
Hotel garni mit ansprechendem Komfort.
Diekseepromenade 25
Tel. 0 45 23/30 88
98 Betten
Mittlere Preisklasse

Museum

Alte Räucherkate
Historisches aus der Region mit dem Schwerpunkt Landwirtschaft.
Sebastian-Kneipp-Str.
Tel. 0 45 23/25 88
Mai–Sept. 10–12 und 14–16 Uhr

Essen und Trinken

Moravia-Kate
Essen zum Sattwerden.
Bahnhofstr. 13
Tel. 0 45 23/22 94
Mittlere Preisklasse

Service

Auskunft
Kurverwaltung
Bahnhofstr. 4a
Tel. 0 45 23/23 56, Fax 62 21

Fünf-Seen-Fahrt
Frahm und Zimmermann
Bahnhofstr. 41
Tel. 0 45 23/22 01
Ostern–Ende Okt.

Majestätisch erhebt sich das Schloß
– zwischen 1633 und 1636
als Dreiflügelanlage errichtet –
über den Plöner See

Panker ■ E 3

Das **Gut** und **Herrenhaus** unterhalb des Pilsberges zählt zu den schönsten Anlagen in Ostholstein. Das weißverputzte Herrenhaus stammt im Kern aus dem 18. Jh., die Flügelbauten kamen erst ein Jahrhundert später hinzu. Schloß oder Gut Panker befindet sich im Besitz der Kurhessischen Hausstiftung und wird auch heute noch von einem Grafen bewohnt, nämlich dem Landgrafen Moritz von Hessen. Er wird sich wohl auch in Zukunft nicht erweichen lassen, seine privaten Gemächer zur Besichtigung freizugeben. Auch die **Schloßkapelle** von 1867, der Park und der große Garten sind für das gemeine Volk gesperrt. Dafür traben auf den Wiesen rings umher Trakehner. Besuchen sollte man aber das **Gasthaus Ole Liese**. Pate hierfür stand ein Reitpferd mit jenem Namen, das der Fürst von Hessenstein seinem Reitknecht mit der Auflage übergab, es bis zum Tod zu pflegen. Dafür erhielt der treue Knecht 1797 die Schankerlaubnis.

TOPTEN 4

Verwaltung Panker
Tel. 0 43 81/70 71

Hotel/Essen und Trinken

Forsthaus Hessenstein
Das Forsthaus, fast auf der anderen Straßenseite, nämlich nur 1 km von Panker entfernt, ist ebenfalls wegen seiner guten Küche empfehlenswert.
Tel. 0 43 81/4 16
Mitte Mai–Okt. Di–Sa 14–24 Uhr,
Mitte Okt.–Mitte Mai Mi–Sa 17–24,
So 12–24 Uhr
Mittlere Preisklasse

Ole Liese
Gemütliche Zimmer im Traditionshaus auf Gutsherrengrund.

Tel. 0 43 81/3 74
9 Betten
März–Dez. 10–22 Uhr, Mo geschl.
Mittlere Preisklasse

Plön ■ D 4

Manche meinen, daß Plön der schönste Ort der Holsteinischen Schweiz sei. Das ist eine Geschmackssache, sicher aber ist es ein Ort mit Geschichte.

Im **Plöner Schloß**, das heute als Internat genutzt wird und herrlich über dem Plöner See thront, waren die beiden Söhne des letzten deutschen Kaisers als Schüler untergebracht. Heute sind noch zwei Zimmer im Stil des Rokoko erhalten. Die Nazis hatten das Schloß beschlagnahmt und die ganze Inneneinrichtung – bis eben auf die beiden Zimmer – als zu verspielt empfunden und herausreißen lassen.

An die beiden Prinzen erinnert die **Prinzeninsel**, die sich südlich des Schlosses 2 km in den See reckt und an deren Spitze man im »Niedersächsischen Bauernhaus« gut essen kann (→ Routen und Touren).

Im 17. und 18. Jh. war Plön Residenz der Herzöge von Schleswig-Holstein-Sonderburg-Plön, einem der kleinsten Herzogtümer, die es wohl jemals in Deutschland gegeben hat. Sehenswert sind das ehemalige Witwenpalais in der Johannisstraße 1, heute Kreismuseum, das klassizistische Rathaus am Schloßberg 3, nach Plänen von C.F. Hansen, die ehemalige Hofapotheke in der Johannisstraße 5 und das Pastorat am Markt 25.

In kulinarischer Hinsicht ist Plön ganz auf Fisch eingestellt. Eine Besonderheit sind Maränen, die im Plöner See gefangen werden. Sehr beliebt ist auch der Plöner Aal.

Museum

Kreismuseum
Johannisstr. 1
Tel. 0 45 22/50 82 62
Mitte Mai–Sept. Di–Sa 10–12 und
15–18 Uhr, So 15–18 Uhr;
Okt.–Mitte Mai Di–Sa 10–12 Uhr

Essen und Trinken

Niedersächsisches Bauernhaus
Hier bekommt man Deftiges ser-
viert.
Tel. 0 45 22/36 70
Untere Preisklasse

Service

Auskunft
Kurverwaltung
Schwentinehaus
Tel. 0 45 22/27 17

Preetz ■ D 4

Das größte Preetzer Kleinod ist das
ehemalige **Kloster der Benedikti-
ner**, die ihre Klosterkirche, eine
dreischiffige Backsteinbasilika, im
14. Jh. erbauten. Der Barockaltar
von 1743 wurde von einem Lübecker
Meister geschaffen, das Chorge-
stühl stammt aus dem 14. Jh. Ein
fragmentarisch erhaltener Altar im
sogenannten Knorpelbarock von
Hans Gudewerdt dem Jüngeren ist
ebenfalls zu sehen. Insgesamt ist
diese Anlage sehr sehenswert mit
ihrem Torhaus von 1737, dem Kon-
venthaus von 1456 und dem Klo-
sterstift aus dem Jahr 1755. In der
Altstadt haben sich eine Reihe von
Bürgerhäusern rund um das klassizistische Rathaus von 1870 erhalten,
die Preetz eine gewisse Beschaulichkeit verleihen.

Hotel

Hotel Landhaus Hahn
Gepflegtes Haus mit anspruchsvol-
ler Küche.
Am Berg
Tel. 0 43 42/8 60 01
40 Betten
Mittlere Preisklasse

Museum

Zirkusmuseum
Mühlenstr. 14
Tel. 0 43 42/8 31 03
Sa 15–18, So 10–12 und 15–18 Uhr,
in der Saison auch Mi 17–20 Uhr

Service

Auskunft
Fremdenverkehrsverein
Mühlenstr. 14
Tel. 0 43 42/22 07

Schönwalde ■ E 4

Schönwalde ist ein kleines Dorf wie
viele andere auch. Aber es zeichnet
sich durch zwei Besonderheiten aus:
3 km von Schönwalde entfernt
liegt die mit 166 m höchste
Erhebung Schleswig-Holsteins,
der **Bungsberg** (die tiefste Stelle
liegt mit 72 m unter dem Wasserspiegel des Hemmelsdorfer Sees
bei Ratekau). Die andere Attraktion
ist kulinarischer Natur. Das **Alte
Amt** gilt vielen als der beste Freß-
tempel der Region.

TOP TEN
10

Essen und Trinken

Altes Amt
Restaurant, bekannt für Wild und
Geflügel.
Eutiner Str. 39
Tel. 0 45 28/7 75
Di geschl, Feb. geschl.
Obere Preisklasse

Die nördlichste Landeshauptstadt Deutschlands ist zugleich das »Tor nach Skandinavien«. Nach Kiel kam man schon immer »des Wassers wegen.«

»Kiel hat kein Geld, das weiß die Welt. Ob's noch was kricht, das weiß man nicht«. Seit 1911 bimmelt das Glockenspiel des mächtigen Rathausturms diese Melodie über die Dächer der Stadt. In der Tat, anders als in Lübeck war es nicht hanseatisches Kaufmannsgeschick, das der Stadt bürgerlichen Reichtum, Größe und Ansehen verschaffte. Es war vielmehr eine militärische Entscheidung, die dem ehemals kleinen Ostseestädtchen einen unverhofften Aufschwung bescherte. Wilhelm I. erklärte Kiel 1865 zum **preußischen Marinehafen**, 1871 zum **Reichskriegshafen**. »Des Kaisers Ankerplatz« hieß die Stadt fortan. Die Einwohnerzahl wuchs von 24 000 im Jahr 1867 auf über 200 000 um die Jahrhundertwende. Werftindustrie und Marine bestimmten den »Kurs« der Stadt, teilweise bis heute.

1918 meuterten die Matrosen, ein Fanal für die Novemberrevolution in Deutschland. Nach arbeitslosen Zeiten in den weniger goldenen zwanziger und dreißiger Jahren war es erneut die Rüstungsindustrie, diesmal der Nationalsozialisten, die Kiel boomen ließ. 300 000 Einwohner

Kiel

■ D 3

zählte die Fördestadt Anfang der vierziger Jahre, so viele wie niemals zuvor oder danach. Marine und Werften – Segen und Fluch zugleich.

Rauhe Elemente

Überhaupt das Wasser. Es ist das belebende Element der Stadt, man könnte auch sagen, ihr Lebenselixier, erinnert sei noch einmal an die Werften und die Marine, die besonders von Ende des 19. bis zur Mitte des 20. Jahrhunderts die bestimmenden Faktoren waren. Heute hat sich die wirtschaftliche Bedeutung der größten Werft Kiels, der Howaldts Werft, einigermaßen verloren, auch wenn zum Beispiel Geschäfte wie der Export von U-Booten nach Chile immer noch für einige Aufregung gut sind. Die Promenaden von Kiel zählen heute zum touristischen Kapital der Stadt, die ansonsten eher zu den häßlichen Entlein im Land der Schönen gerechnet werden muß. Ihre Schönheit hat die Stadt aber nicht nur im Krieg verloren. Wer sich ein bißchen in der Stadtgeschichte umtut, wird schnell entdecken, daß vor den Bomben andere zerstörerische Kräfte eini-

Weithin sichtbar ist der Turm des Rathauses in Kiel

ges in Schutt und Asche gelegt haben. Bis in die zwanziger Jahre hinein hatte Kiel noch einen relativ dichten historischen Baubestand. Dann aber setzte die Moderne mit Macht ein, und die Stadtväter ließen für sie Schneisen in das gewachsene Geflecht der Stadt hauen. Was an historischen Gebäuden diesen Kahlschlag überstand, ging im Inferno des Zweiten Weltkriegs unter. Aber selbst danach versuchte die Stadt mit allen Mitteln, auch noch das letzte historische Überbleibsel zu vernichten. Die ehemalige Fischauktionshalle zum Beispiel am Hafen, heute als Museum eine touristische Attraktion ersten Ranges, sollte wie das Lagerhaus am Hafen abgerissen werden. Nur geballter Bürgerprotest konnte das verhindern.

Aber zurück zu den Promenaden. Das Hindenburgufer auf der Westseite der Kieler Förde gilt als eine der schönsten Wasserpromenaden Deutschlands überhaupt. Die Kunsthalle, der Botanische Garten, das Institut für Meereskunde und natürlich der Landtag, das alles findet sich auf der Flaniermeile aufgereiht. Am Ende wartet dann der Liegeplatz des Segelschulschiffes Gorch Fock, auch wenn das Schiff meistens irgendwo herumsegelt. Und es ist schon ein Erlebnis, mit einer der Hafenfähren über die Förde zu schippern, hinter sich die Schleusen des Nord-Ostsee-Kanals bei Holtenau, links das Marine-Ehrenmal von Laboe im Augenwinkel, vor sich das Stadtpanorama und die Werftenkräne.

Stadt an der Förde

Ende des Zweiten Weltkriegs legten alliierte Bomber über achtzig Prozent der Stadt in Schutt und Asche. Wunden wurden gerissen, die Kiel im Stil der fünfziger und sechziger Jahre versuchte zu beheben. Von wenigen Ausnahmen abgesehen, prägt heute praktisch-moderne Nachkriegsarchitektur das Gesicht der Stadt. So kommt man eher des Wassers wegen nach Kiel. Des Wassers wegen ließ auch Graf Adolf IV. von Schauenburg seine Holstenstadt »tom Kyle« 1242 auf der Halbinsel eines Fördearms anlegen, wie gehabt »des Wassers wegen« kam Wilhelm I. mit der Marine und die Sportsleute 1936 und 1972, die hier die olympischen Segelwettkämpfe austrugen. Die maritime Atmosphäre ist es, die den Reiz der Stadt ausmacht.

Kiel ist eine junge Stadt, jeder zehnte Einwohner studiert an Universität oder Hochschule. Mitarbeiter des Forschungsinstituts »Geomar« erforschen von hier aus die Weltmeere, Wissenschaftler des Instituts für Weltwirtschaft erstellen hier ihre Konjunkturgutachten für die Bundesregierung.

Rauh aber herzlich, Kiel paßt dieser Slogan wie maßgeschneidert. Davon kann sich wer will überzeugen, wenn wie in jedem Jahr im Juni die Kieler Woche die Stadt belebt. Dann geht der Kieler ganz aus sich heraus und man fragt sich, wo er sich eigentlich das Jahr über versteckt gehalten hat. Die Kieler Woche ist der Karneval des Nordens im Klein-Rio des Nordens. Eine Woche wird verrückt gespielt, dann geht alles wieder seinen betont nüchternen Gang. Kein Wunder, daß auch in der Politik der große Klare aus dem Norden (Ex-Ministerpräsident Gerhard Stoltenberg) eine gewisse Berühmtheit erlangte, und auch Heide Simonis, die Nachfolgerin von Björn Engholm, zeichnet sich durch eine gewisse Nüchternheit aus. Lassen wir es dabei: Kiel ist klar und nicht schön – so ähnlich wie der schwarze Kubus des Stadttheaters. Aber irgendwie doch imponierend.

Politskandal und seine Nachwirkungen

Kiel ist natürlich mit den Namen Uwe Barschel und Rainer Pfeiffer verbunden. Der Politskandal, der die Republik erschütterte, den ehemaligen Ministerpräsidenten Barschel aus dem Landtag katapultierte und am Ende in den Selbstmord trieb, die SPD nach über dreißig Jahren CDU-Regierung an die Macht brachte und schließlich in seinen Nachwehen auch den Kanzlerkandidaten der SPD, Björn Engholm, zu Fall brachte, hat das Land zwischen den Meeren und seine Hauptstadt wieder ins Gespräch gebracht. Denn bis dahin, so eigenartig sich das auch anhören mag, hat die Perle an der Ostsee eigentlich den Schlaf der Gerechten geschlafen, verglichen mit anderen Landeshauptstädten wie Düsseldorf oder Stuttgart.

Brücke zum Osten

Kiel war eine Stadt an der geografischen und politischen Peripherie der Bundesrepublik Deutschland. Das Ende des kalten Krieges änderte die Situation schlagartig. Heute ist Kiel nicht nur der Knotenpunkt im Warenverkehr mit dem gesamten skandinavischen Raum, sondern vor allem Brücke in die baltischen Länder und natürlich zu Rußland. Die ersten Fähren fahren schon seit einiger Zeit nach Königsberg und St. Petersburg, und der Frachtverkehr hat sich auch eingependelt. Ein bißchen scheint es noch zu dauern, bis auch der ganz normale Personenverkehr über die Ostsee wieder in Gang kommt, aber die Entwicklung ist absehbar. Kiel kann Mittelpunkt des Handels mit Skandinavien und dem Baltikum werden, eine Drehscheibe, ähnlich wie es im Mittelalter die Hansestadt Lübeck gewesen ist.

Beschauliches Leben

Aber Kiel wäre nicht Kiel, wenn die Stadt nicht immer auch etwas Kleinstadt bleiben würde. Man gehe nur irgendwann im Oktober, im Februar oder auch im April durch die Straßen im Zentrum. Nirgends ist von Hektik eine Spur, die Förde liegt mehr oder weniger beschaulich da, die großen Pötte verlassen mit der Regelmäßigkeit eines Herzschrittmachers den Hafen. Auch über Kiel liegt die Melancholie, die von jeder Hafenstadt ausgeht.

Hotels

Avance Hotel Conti Hansa
Steigenberger Hotel mit allem
Luxus gegenüber dem Oslo Kai.
Schloßgarten 7
Tel. 04 31/5 11 50, Fax 5 11 54 44
296 Betten
Obere Preisklasse

Alter Waisenhof
Sehr ordentliches Haus am Rande
der Innenstadt.
Muhliusstr. 95
Tel. 04 31/9 13 06, Fax 9 13 69
54 Betten
Untere/Mittlere Preisklasse

Astor
Hotel im Zentrum/Fußgängerzone.
Am Holstenplatz 1–2
Tel. 04 31/9 30 17, Fax 9 63 78

Berliner Hof
Hotel am Bahnhof.
Ringstr. 6
Tel. 04 31/6 63 40, Fax 6 63 43 45
140 Betten
Untere/Mittlere Preisklasse

Düvelsbek garni
Ruhiges Haus in Wohngegend.
Feldstr. 111
Tel. 04 31/9 13 06
70 Betten
Untere Preisklasse

Erkenhof
Zentral gelegenes, ruhiges Hotel.
Dänische Str. 12–16
Tel. 04 31/9 50 08, Fax 97 89 65
51 Betten
Mittlere Preisklasse

Kieler Yacht Club
Exklusives Haus direkt am Wasser.
Hindenburgufer 70
Tel. 04 31/8 50 55, Fax 8 50 39
100 Betten
Obere Preisklasse

Maritim Bellevue
Kongreßhotel mit schönem Blick
über die Förde.
Bismarckallee 2
Tel. 04 31/3 89 40, Fax 33 84 90
185 Betten
Obere Preisklasse

Parkhotel Kieler Kaufmann
Traditionshotel mit eigenem Park
und guter Küche.
Niemannsweg 102
Tel. 04 31/8 81 10, Fax 8 81 11 35
75 Betten
Obere Preisklasse

Rabe's Hotel
Zentral gelegenes Minotel.
Ringstr. 30
Tel. 04 31/66 30 70, Fax 6 63 07 10
43 Betten
Untere Preisklasse

Spaziergang

Wir beginnen unseren Gang am Alten Markt (St. Nikolaikirche) und gehen durch die Dänische Straße an »Warleberger Hof« und Schloß vorbei in den Schloßgarten. Vor der **Kunsthalle** überqueren wir die Fußgängerbrücke zur **Kiellinie**. Auf der Uferpromenade angelangt, werfen wir einen Blick ins Aquarium und auf die Seehunde, spazieren am Landeshaus vorbei, dem Sitz der Schleswig-Holsteinischen Landesregierung und verschiedener Ministerien, wir passieren die Blücherbrücke, die Heimatliegestelle des Segelschulschiffs **Gorch Fock**, und kommen zum **Hindenburgufer** (Kieler Yacht Club) bis zur **Bellevuebrücke**, von der man einen herrlichen Blick auf die gesamte Förde hat.

Sehenswertes

Alter Botanischer Garten
Wunderschöne Gartenanlage von 1669 und damit einer der ältesten Botanischen Gärten Deutschlands.

Franziskanerkloster
Einer der wenigen Überreste des mittelalterlichen Kiel. Erhalten sind aber nur noch der Westflügel des Kreuzgangs mit dem Refektorium (13. Jh.) und der Grabstein des Stadtgründers Graf Adolf IV. von Schauenburg.

Fußgängerzone
Beim Bummel durch die Holsten-straße – Deutschlands ältester Fußgängerzone aus dem Jahre 1957 – trifft man auf eine Bronze-plastik des Kieler Altbürgermeisters Asmus Bremer. Er sitzt auf einer Bank, lebensgroß und lebensnah. Die kulinarischen Botschafter der Stadt, goldene Kieler Sprotten, hier allerdings aus Messing, sind in den Boden eingelassen.

Nikolaikirche
Von der ursprünglich im 13. Jh. ge-bauten dreischiffigen Backstein-Hal-lenkirche sind nur noch bescheide-ne Reste erhalten. Die Kirche wurde nach dem Zweiten Weltkrieg voll-kommen neu gestaltet. Im Innern befinden sich noch der geschnitzte Erzväteraltar von 1460 und eine Bronzetaufe von 1344. An der Fas-sade neben dem Haupteingang die bronzenen »Geistkämpfer« von Ernst Barlach.

Rathaus
Das Wahrzeichen Kiels mit dem kampanileartigen Turm hat den Krieg relativ unbeschädigt überstan-den. Gebaut wurde es in den Jahren 1907–1911 im strengen Jugendstil. Von seinem 106 m hohen Turm (Fahrstuhl) hat man einen schönen Blick über die Stadt und Förde. Im Innern: Ratsherrenzimmer im rein-sten Jugendstil.

Schleusenanlage Holtenau
Der 1896 eröffnete Nord-Ostsee-Kanal gilt immer noch als die meist-befahrene künstliche Wasserstraße der Welt. Rund 30 000 Schiffe – vom Segelschiff bis zum Riesenpott – passieren jährlich die Holtenauer Schleusen. Auf der Kanalnordseite gibt es Führungen über die alten und neuen Schleusenanlagen und das Kanalmuseum.

Schloß
Das Kieler Schloß befindet sich an der Stelle, wo früher die landesherr-liche Burg stand. Nach seiner Zer-störung 1944 blieb nur der soge-nannte Rantzaubau von 1695 erhal-ten. Der Neuaufbau des Schlosses erfolgte in den 60er Jahren.

Schrevenpark
Der 1901 angelegte Park mit seinen großen alten Bäumen ist nicht nur eine grüne Lunge Kiels. Mit seinen rund 600 einheimischen und exoti-schen Enten, Gänsen und Schwä-nen gilt er auch als Europas größtes Wasservogel-Freigehege.

Museen

Institut für Meereskunde mit Aquarium
Fische und Schaltiere aus Nord- und Ostsee, Heringsbecken und See-hunde.
Düsternbrooker Weg 20
Tgl. 9–19 Uhr, im Winter 9–17 Uhr

Kunsthalle
Eines der bedeutendsten Museen für die Kunst des 20. Jh. in Schles-wig-Holstein. Gemäldegalerie, Gra-phische Sammlung und Bibliothek.

SEHENSWERTE ORTE UND AUSFLUGSZIELE

Düsternbrooker Weg 1–3
Di, Do, Fr, Sa 10–18 Uhr, Mi 10–20,
So 10–17 Uhr

**Schiffahrtsmuseum mit
Museumshafen**
Vor der historischen Fischhalle von
1910 liegen alte Schiffe – von der
historischen Hansekogge bis zum
Dampfschiff. Im Innern: Geschichte
des Hafens sowie Maritimes und
Kurioses aus der christlichen See-
fahrt.
Wall 65
Tgl. 10–18 Uhr, im Winter Di–So
10–17 Uhr

**Schleswig-Holsteinisches
Freilichtmuseum**
Schleswig-Holsteins bäuerliche Ver-
gangenheit (→ Ausflugsziele Molf-
see).
Molfsee, Alte Hamburger Landstr.
Mo–Sa 9–17, So 10–18 Uhr, im
Winter nur So 10 Uhr bis zur Däm-
merung

**Stadtmuseum im Warleberger
Hof**
Stadtgeschichtliche Wechselaus-
stellungen im einzigen noch erhalte-
nen Kieler Adelshof aus dem 17. Jh.
Dänische Str. 19
Tgl. 10–18 Uhr, im Winter 10–17
Uhr

Stiftung Pommern im Schloß
Gemäldegalerie: Europäische Male-
rei 17.–20. Jh., kulturgeschichtliche
Sammlungen.
Schloß, Rantzaubau
Di–Fr 10–17, Sa, So 14–18 Uhr

**Zoologisches Museum und
Museum für Völkerkunde**
Besonders umfangreich ist die
Sammlung von Meerestieren aller
Art.
Hegewischestr. 3
Di–Sa 10–17, So 10– 13 Uhr

Essen und Trinken

Café Fiedler
Leckere Torten und Pralinen in der
Fußgängerzone.
Holstenstr. 92–94
Tel. 04 31/9 33 14
Mittlere Preisklasse

Claudio's Ristorante
Herausragende, klassische und mo-
derne italienische Küche.
Königsweg 46
Tel. 04 31/6 76 87
Obere Preisklasse

Damperhof
Gehobene Cuisine in ehemaliger
Studentenkneipe.
Damperhofstr. 5
Tel. 04 31/9 23 24
Obere Preisklasse

Forstbaumschule
Der Treffpunkt vor allem im Som-
mer: lauschiger Biergarten und ein-
fache Speisen.
Düvelsbeker Weg 46
Tel. 04 31/33 34 96

Kieler Ansichten
Gepflegtes Restaurant auf dem
Ostufer mit Blick auf Kiel.
Hasselfelde 2
Tel. 04 31/23 17 37
Mittlere Preisklasse

Quadrat
Gut essen und gesehen werden.
Schloßstr. 16
Tel. 04 31/8 61 67
Mittlere Preisklasse

Quam
Szene-Lokal mit kleiner, aber feiner
Speisekarte.
Düppelstr. 60
Tel. 04 31/8 51 95
Mittlere/Obere Preisklasse

Restaurant im Schloß
Gepflegt essen mit Blick auf vorbei-
fahrende Fähren.
Am Oslokai
Tel. 04 31/9 11 55
Mittlere Preisklasse

Sepp's Ermitage
Frische Produkte der Region, von ei-
nem Schweizer perfekt zubereitet.
Holtenauer Str. 203
Tel. 04 31/33 44 31
Mittlere/Obere Preisklasse

September
Eine der ersten Adressen in der
Landeshauptstadt. Im Sommer
schöne Gartenterrasse.
Alte Lübecker Chaussee 27
Tel. 04 31/68 06 10
Obere Preisklasse

Einkaufen

**Dänische Straße und Schloß-
straße**
Zwischen Altem Markt und Schloß
findet man in diesen beiden Straßen
die exklusivsten Boutiquen, Galerien
oder Antiquitätengeschäfte der Landeshauptstadt.

Heyck
In Kiels einziger Kaffeerösterei gibt's
die braunen Bohnen frisch geröstet
in allen Geschmacksrichtungen.
Spezialität ist der »Milde Kieler«.
Faulstr. 2a
Tel. 04 31/9 41 74

Sophienhof
Überdachte, zweistöckige und ab-
wechslungsreiche Einkaufspassage,
in der jeder Geldbeutel locker leer
werden kann. Ebenfalls im Sophienhof: Stadtgalerie.
Sophienblatt 30, gegenüber dem
Bahnhof
Tel. 04 31/9 01 34 10

Shopping, unabhängig vom Wetter, im Sophienhof

Wochenmärkte
Die beiden schönsten und größten Märkte sind Mi und Sa auf dem Exerzierplatz und Mo und So auf dem Blücherplatz zu finden.

Am Abend

American
Diskothek.
Flämische Str. 25
Tel. 04 31/9 47 38

Bühnen der Landeshauptstadt Kiel
Opernhaus
Rathausplatz 4
Schauspielhaus
Holtenauer Str. 103
Vorverkauf Tel. 04 31/9 21 00

Far out
Diskothek.
Eggerstedtstr. 13
Tel. 04 31/9 16 85

Hemingway
Cocktails und Lifestyle Bar.
Am Alten Markt 19
Tel. 04 31/9 68 12

Klosterbrauerei
Hausgebrautes Bier, hausgebackenes Brot und deftige Speisen.
Alter Markt 9
Tel. 04 31/9 25 24

Die Komödianten
Kleine, witzige, ein bißchen verrückte Theatergruppe.
Wilhelminenstr. 43
Tel. 04 31/55 34 01

M.a.x.
Music Hall, Veranstaltungen, Konzerte, Disco.
Eichhofstr. 1
Tel. 04 31/1 25 73

tamen T
Nicht nur Studentendisco. Treffpunkt für jedermann.
Legienstr. 40
Tel. 04 31/55 32 47

Theater im Werftpark
Kinder- und Jugendtheater.
Ostring 187a
Tel. 04 31/7 60 40

Traumfabrik
Kultur und Kommunikation, Programmkino, Konzerte, Kneipe, Disco.
Grasweg 19
Tel. 04 31/54 86 39

Service

Auskunft
Tourist Information Kiel
Sophienblatt 30
Tel. 04 31/6 79 10

Fahrradverleih
Fahr-Rad
Hamburger Chaussee 38
Tel. 04 31/68 23 45

Flughafen
Kiel-Holtenau
Täglich Linienflüge von und nach Berlin, Köln/Bonn und Frankfurt.
Lufthansa
Tel. 04 31/32 36 56

Schiffahrt
Förde-Linie Kiel-Laboe-Kiel
Kieler Verkehrs AG (KVAG),
Abt. Schiffahrt
Bahnhofsbrücke
Tel. 04 31/70 12 63

Ausflugziele

Friedrichsort ◼ D 3

Auf der Ostseite der Kieler Förde, gleich gegenüber von den denkmalgeschützten Überresten eines U-Boot-Bunkers aus dem Zweiten Weltkrieg, liegen die Reste der ehemaligen Festung Friedrichsort. Von den Anlagen, die 1632 der dänische König Christian IV. bauen ließ, hat sich allerdings nicht allzuviel erhalten. Ursprünglich hieß die Feste Christianspries, wurde aber 1690 in Friedrichsort umbenannt.

Heikendorf ◼ D 3

Wer Dorsch oder Butt frisch vom Kutter kaufen oder einfach nur etwas Hafen- und Fischer-Atmosphäre schnuppern will, sollte mit einem Fördedampfer eine kleine Tour nach Heikendorf und Möltenort machen. Am Wasser entlang führt auch der Fördewanderweg, auf dem man bis nach Laboe laufen kann.

Laboe ◼ D 3

Weithin sichtbar ist das **Marine-Ehrenmal** von Laboe. 72 m hoch ist das Backstein-Gebäude des Düsseldorfer Architekten Gustav August Munzer. Gebaut wurde es von 1927–36 zu Ehren der im Ersten Weltkrieg Gefallenen der Marine. Eine weitere Touristen-Attraktion am Laboer Strand ist die **U 995**, ein U-Boot der deutschen Kriegsmarine, das nach dem Krieg in Norwegen noch eine Zeitlang seinen Dienst tat.

Molfsee ◼ D 3

Die bäuerliche Welt, wie sie sich im vorigen Jahrhundert noch auf dem Lande darstellte, ist im **Freilichtmuseum Molfsee** (südlich von Kiel) zu sehen. Ländliches Bauen, Wohnen und Wirtschaften gibt's dort »zum Anfassen«. Seit 1961 wurden in Molfsee über 60 Bauernhäuser, Katen und Scheunen aller Landschaften in Schleswig-Holstein wieder aufgebaut. Das älteste Ge-

TOP TEN 6

Apotheke ohne Aspirin – Landapotheke im Freilichtmuseum Molfsee

bäude ist das **Pfarrhaus** von Grube von 1569, und besonders beeindruckend sind der **Dithmarscher Hof Schmielau** von 1781 oder das Haus des **Walfängers Lorens de Hahn** aus Westerland auf Sylt von 1699. Einblicke in die Arbeitsweise der Bauern bekommt man hier auch: So wird auf althergebrachte Weise knuspriges Brot gebacken oder in einer alten Meierei leckerer Käse hergestellt. Auch Korbflechter, Töpfer und Schmiede zeigen ihre Kunst. Für den Ausflug nach Molfsee sollte man sich etwas Zeit nehmen.

Tel. 04 31/6 55 55
April–Mitte Nov. Di–Sa 9–17 Uhr
So und feiertags 10–18 Uhr, Mitte
Nov.–März So und feiertags (→ Mit
Kindern unterwegs)

Probstei ■ D 3/E 3

Gleich hinter Laboe erstreckt sich die Probstei, eine Landschaft, die früher zum Kloster von Preetz gehörte und aus dieser Zeit ihren Namen hat. An diesem Teil der Ostseeküste liegen einige der schönsten Strände.

Schilksee ■ D 3

Als sich 1972 zum zweiten Mal die besten Segler der Welt zu den olympischen Regatten nach Kiel aufmachten, war das **Olympiazentrum** in Schilksee gerade fertiggestellt. Heute werden die ehemaligen Sportler-Unterkünfte als Eigentums- und Ferienwohnungen genutzt und sind – wegen ihrer Super-Aussicht auf die Förde – vor allem während der »Kieler Woche« begehrt.

Strande ■ D 3

Fördeauswärts gleich hinter Schilksee liegt Strande, der Wohn- und Badeort der reicheren Kieler. Hier wird im Sommer abends gerne noch »flaniert« oder die Abendsonne bei einem Glas Weißwein und ein paar Scampis genossen. Schöne Promenade.

In Schilksee treffen sich die weltbesten Segler

Geschichte, wohin das Auge blickt. Gut erhaltene Backsteinarchitektur hat aus der »Königin der Hanse« ein UNESCO-Weltkulturgut gemacht.

»Auch in der Nähe des Ozeans findet man nicht wenige erwähnenswerte Städte. Sie alle aber übertrifft Lübeck, das außerordentlich hohe Gebäude und ganz herrliche Kirchen aufweist.« Was der spätere Papst Pius II. anno 1457 über die Hansestadt dachte, dem kann man auch heute noch zustimmen. Lübeck ist immer noch die »Königin« unter den schleswig-holsteinischen Städten.

Die Silhouette ist unverwechselbar und zugleich das Marken-

Lübeck
■ E 5

zeichen: Sieben Kirchtürme prägen die Altstadt weithin sichtbar, und aus welcher Richtung man sich Lübeck nähert – kein Hochhaus versperrt den Blick auf diese mittelalterlichen Zeugen norddeutscher Backsteinkunst. Trotz schwerer Kriegsschäden und einiger Bausünden der fünfziger und sechziger Jahre präsentiert sich die Stadt an der Trave weitgehend so, wie es Thomas Mann in seinen »Buddenbrooks« beschrieben hat: mächtige Kirchen, prächtige Kaufmanns- und Bür-

Lübeck mit seiner unversehrten mittelalterlichen Altstadt im Abendlicht

81

Der historische Ausrufer wartet auf dem Markt in Lübeck auf seinen Auftritt

Löwe gründete zwei Jahre später Lübeck ein zweites Mal, mit einem gut durchdachten und heute noch vorhandenen Straßennetz.

Zentrale wirtschaftliche und politische Bedeutung errang Lübeck durch den Zusammenschluß bedeutender Handelsstädte im Ostseeraum. Lübeck war Haupt der **Hanse** und gehörte lange mit zu den einflußreichsten deutschen Städten. Erst nachdem sich der mittelalterliche Schutzbund um 1630 auflöste, begann ihr Stern zu sinken. Die ganze Zeit über von 1226 bis 1937 blieb Lübeck freie Reichsstadt.

gerhäuser, zwei trutzige Stadttore, malerische Stiftshöfe, verwinkelte Gänge und ein Gewirr von schmalen Altstadtgassen mit Kopfsteinpflaster.

Haupt der Hanse

Die günstige Lage im Binnenland und eine geschickte Verbindung zur Ostsee waren wohl der Grund, warum Graf Adolf II. von Schauenburg im Jahr 1143 an dieser Stelle eine Kaufmannssiedlung gründete. Bereits 819 n. Chr. belegen Grabungsfunde eine erste slawische Burganlage, am Zusammenfluß von Schwartau und Trave. Erstmals urkundlich erwähnt wird »Liubice« schon im Jahr 1072. 1157 zerstörte eine Feuersbrunst die Holzhäuser, und Heinrich der

Schiffahrt und Seeräubertum

Die Hanse: selten in der Geschichte hat ein Wirtschaftsbund eine solche Macht entfalten können. Das gilt nicht nur in politischer Hinsicht, sondern auch in kultureller. Die Hanse war der reichste Städtebund des hohen Mittelalters, ein Machtfaktor, der sogar Könige in die Knie zwingen konnte. Lübeck, die Königin der Hanse, spielte in über drei Jahrhunderten immer die bedeutendste Rolle im Machtpoker. Die Ostsee war das Schlachtfeld, auf dem sich die Geschicke der Hanse entschieden. Auf dem Wasserweg erledigten die Hansekoggen ihr schwieriges Geschäft und ließen sich auch durch Seeräuber nicht aus der Ruhe bringen. Einer dieser wilden Gesellen war der Likedeeler Klaus Störtebeker, der mit seinen Kumpanen auf der

Ostsee sein Unwesen trieb. Als der Mecklenburger Herzog Ende des 14. Jahrhunderts den Seeräubern sogar die Häfen der Hansestädte Rostock und Stralsund öffnete, damit sie von hier aus Kaperfahrten unternehmen konnten, mit dem Ziel dänische Schiffe zu überfallen, nutzten die Freibeuter die Gelegenheit auch Schiffe der Hanse zu plündern. Lübeck ließ sich das nicht lange gefallen und erreichte eine Einigung zwischen der dänischen Königin und den Mecklenburgern. Damit war auf politischem Weg den Piraten das Wasser abgegraben worden – ein diplomatisches Meisterstück, das aber auch die Macht der Lübecker zu dieser Zeit deutlich macht.

Schönste unter den Schönen: Lübeck

Lübeck war Boomtown und es ist ja kein Zufall, daß sich die anderen Städte an der Ostseeküste in ihren Kirchenbauten an den Lübecker Backsteinkirchen orientierten. Keine war größer, keine war schöner, Lübeck war reich und man zeigte, was man erworben hatte. Heute ist Lübeck vor allem als Marzipan-Stadt bekannt. Aber schon zu den Zeiten der Buddenbrooks hatte sich die Stadt ein Monopol ganz anderer Art gesichert, das sie für einige Zeit berühmt machen sollte. Lübecker Rotspon, heute eher ein Wein der Mittelklasse, kam damals aus Lübeck und galt als Köstlichkeit. Thomas Mann hat man zur 850-Jahr-Feier mit der Einrichtung des Buddenbrooks-Hauses, das im Krieg völlig ausgebrannt war, endlich das Denkmal gesetzt, das er verdient. Heinrich Mann dagegen muß auch diesmal mit der Rolle des Bruders bescheiden im Hintergrund bleiben.

Lübeck heute

Nach dem Zweiten Weltkrieg und nach dem Bau der Mauer gerät Lübeck aus der Mitte Deutschlands an den Rand, als nordöstlichste Stadt der alten Bundesrepublik. Der Name des Grenz-Stadtteils **Schlutup** wird im November 1989 zum Programm: »Slut up« (schließ auf), und die 200 000 Einwohner Lübecks sind nach 40 Jahren sozusagen wieder mittendrin. Auch im Autoverkehr. Um das UNESCO-Weltkulturgut und die Bürger der Altstadt zu schützen, trat die Hansestadt – bundesweit als erste Stadt – auf die umweltpolitische Notbremse: **Lübeck autofrei** heißt es jetzt am Wochenende.

Heute ist Lübeck vor allem die Stadt, die mit den meisten Besuchern aus Skandinavien zu kämpfen hat. Im Sommer überschwemmen Tagestouristen aus Schweden und Dänemark die Altstadt, dann sollte sich jeder Durchschnittstourist in Sicherheit bringen. Ansonsten ist die Altstadt immer eine Visite wert. Hier hat sich der mittelalterliche Charakter der alten Hansestadt noch sehr gut erhalten und Atmosphäre längst vergangener Zeit liegt über jedem der gepflegten Innenhöfe.

Hansejuwel einst und jetzt

Die Altstadt mit ihren mittelalterlichen Gassen und Plätzen ist das eigentliche Pfund, mit dem die Stadt wuchern kann. Trotz der Zerstörungen, die die Bombenteppiche des Zweiten Weltkrieges rissen, ist Lübeck die Atmosphäre lebendig geblieben, wie sie die einstige Hansemetropole wohl auch in ihren besten Tagen ausgezeichnet hat. Bei einem Rundgang durch die gepflasterten Gassen mit ihren Häusern mit Holländergiebeln und gotischen Backsteinfassaden muß man nur die Augen offenhalten um zu erkennen, wie das Stadtleben damals organisiert war. Um die großen Kirchen und das Rathaus wohnten die wohlhabenden Bürger, die sich später ihre klassizistischen Villen bauen ließen und wie die Familie Mann einen fast schon aristokratischen Bürgerhaushalt pflegten. An den Rändern der beiden Hauptstraßen, die Lübeck auch heute noch von Norden nach Süden durchziehen, wohnten die Handwerker, die kleineren Händler und die Seeleute. Hier hat sich auch der Verfall der alten Bausubstanz am stärksten bemerkbar gemacht. Bis in die siebziger Jahre hinein waren die kleinen Häuser mit ihren Holzbalken und Backsteinfassaden mehr oder weniger dem Ruin überlassen. Inzwischen hat sich diese Entwicklung ins Gegenteil verkehrt. Es ist chic

geworden, in der Altstadt zu wohnen, und wer heute eines dieser Häuschen sein eigen nennt, kann sich glücklich schätzen und wird beneidet. Aber auch die Stadt hat das ihre getan und viele der mittelalterlichen Innenhöfe mit öffentlichen Mitteln wieder instand gesetzt.

Heute ist die Altstadt von Lübeck ein kleines Hansejuwel, das umso mehr glänzt, je mehr sich der moderne Wohnungsbau mit seinen anonymen Massenbauten als Irrweg herausstellt. Die Idylle hat wieder ihren Reiz, und Überschaubarkeit gilt wieder etwas.

Wende für Lübeck

Nach jahrelangen vergeblichen Bemühungen konnte jetzt sogar eine innerstädtische Brache mitten in der Stadt gebaut werden. Der Platz östlich des Rathauses an der Königstraße, gegenüber dem Verlagsgebäude der Lübecker Nachrichten, lag wie eine geteerte Wunde im Zentrum der Altstadt. Daß man sich jetzt endlich zu einer Bebauung durchringen konnte, ist ein gutes Zeichen. Vermutlich verdankt sie diesen Entschluß nicht dem ästhetischen Empfinden der Stadtherren, sondern ganz einfach der Wende von 1989, von der Lübeck wie kaum eine andere Stadt im ehemaligen Grenzgebiet profitierte. Mit dem Geld kam Schwung in die Stadt. Ganz wie in alten Tagen, als Hering, Salz und Rotspon die Stadt an der Trave reich und mächtig machten.

Hotels

Altstadt-Hotel garni
Ordentliches Hotel in der Altstadt.
Fischergrube 52
Tel. 04 51/7 20 83, Fax 7 37 78
45 Betten
Mittlere Preisklasse

Alter Speicher
Gute Adresse im Zentrum.
Beckergrube 91–93
Tel. 04 51/7 10 45, Fax 70 48 04
125 Betten
Mittlere Preisklasse

Jensen am Holstentor
Günstig gelegenes, gemütliches Hotel, gutes Restaurant (»Yachtzimmer«).
Obertrave 4–5
Tel. 04 51/7 16 46, Fax 7 33 86
100 Betten
Mittlere Preisklasse

Kaiserhof
Sehr gutes, ruhig gelegenes Hotel in zwei alten Bürgerhäusern.
Kronsforder Allee 11–13
Tel. 04 51/79 10 11, Fax 79 50 83
150 Betten
Mittlere Preisklasse

Möwenpick Hotel Lysia
Zimmer mit allem Komfort. Restaurant in Möwenpick-Qualität.
Beim Holstentor
Tel. 04 51/1 50 40, Fax 81 50 41 11
330 Betten
Mittlere Preisklasse

Rucksackhotel Backpackers
Preiswerte Übernachtungsmöglichkeit im »Werkhof«. Kein großer Komfort (auch Mehrbettzimmer), dafür unkonventionelles Haus.
Kanalstr. 70/Ecke Glockengießerstr.
Tel. 04 51/70 68 92
28 Betten
Untere Preisklasse

Scandic Crown Hotel Lübeck
Neues, modernes Haus direkt oberhalb des neuen Eurokai der Fährlinie Lübeck-Malmö.
Travemünder Allee 3
Tel. 04 51/3 70 60, Fax 3 70 66 66
317 Betten
Obere Preisklasse

Senator Hotel Lübeck Penta
Luxuriöses Haus mit allen Standards direkt an der Trave, herrlicher Ausblick auf die Altstadt.
Lastadie 7
Tel. 04 51/14 20, Fax 14 22 22
373 Betten
Obere Preisklasse

Stadtpark
Ruhig gelegenes, familiäres Haus am Stadtpark.
Roeckstr. 9
Tel. 04 51/3 45 55
35 Betten
Untere Preisklasse

Spaziergang

Wir beginnen am Burgtor, gehen durch die Große Burgstraße (**Burg-kloster**) zum Koberg (**Heiligen-Geist-Hospital**). Gegenüber der Jakobikirche gehen wir rechts an der »Schiffergesellschaft« hinunter in die Engelsgrube (rechts und links auf die diversen »Gänge« – Querverbindungen zu einzelnen Höfen und Gassen – achten), biegen links in die Schwönekenquerstraße und gehen geradeaus weiter bis zur imposanten **Marienkirche** und dem **Markt** mit dem Rathaus.

Vom Markt aus biegen wir rechts über den **Kohlmarkt** in die Holstenstraße und gehen hinab direkt auf's **Holstentor** und die **Salzspeicher** zu. Von dort wieder zurück über die Holstenbrücke und links in die »Obertrave« (links vielleicht mal einen Abstecher in die Große Petersgrube mit den schönen Bürgerhäusern und der Musikhochschule) immer am Wasser entlang (vorbei an den Kleinbürgerhäusern im ehemaligen Stecknitzfahrerviertel) bis zur Effengrube. Die gehen wir hinauf zum **Dom**. Von dort durch's »Fegefeuer« links auf die Mühlenstraße und dann rechts über die Königstraße zurück zur Großen Burgstraße (90 Minuten).

Sehenswertes

Aegidienkirche
St. Aegidien ist die kleinste der fünf Lübecker Altstadtkirchen. Sie wurde im 14. Jh. in der heutigen Hallenform gebaut. Der architektonisch schlichte Bau besitzt eine beachtliche barocke Ausstattung (Orgel, Altar und Singchor).

Burgkloster
Bedeutendste mittelalterliche Klosteranlage Norddeutschlands, ab Ende des 19. Jh. als Gericht und Gefängnis genutzt. Heute kulturelles Zentrum und Ort für wechselnde Ausstellungen.

Burgtor
Nördliches Stadttor, ältester Teil aus dem 13. Jh. Daneben Überreste der Stadtbefestigung. Im Zollhaus des Tors eine Handweberei.

Dom
Die Bischofskirche am Südrand der Altstadt ist der älteste Lübecker Kirchenbau. Heinrich der Löwe leitete damit 1173 die Tradition der lübeckischen Backsteinbauten ein. Die hohe dreischiffige Halle besitzt noch das Mittelschiff der romanischen Basilika, die zwei mächtigen Türme gehören zu den größten im Ostseeraum. Nach 1266 wurde der Dom zu einer gotischen Hallenkirche umgebaut. Trotz starker Beschädigung durch Bomben 1942 gibt es im Dom noch immer Kostbarkeiten zu sehen: u. a. den Lettner und die Triumphkreuzanlage von Bernt Notke aus dem Jahre 1472.

Glockengießerstraße
Denkmäler früherer Sozialfürsorge werden sie genannt, die Wohnstifte, mit denen die Lübecker für das Wohl ihrer ärmeren Mitbürger sorgten. In der Glockengießerstraße findet man die meisten und schönsten Stiftshöfe und Gänge: den **Füchtingshof** von 1639 mit seinem imposanten Sandsteinportal, das **Ilhornstift** von 1438 und **Glandorps Hof** und **Glandorps Gang**, wo noch die ebenerdigen Gangbuden zu sehen sind. Eine Bitte: Die Höfe und Gänge sind zwar für jeden zugänglich, aber damit noch keine öffentlichen Museen. Im Interesse der heute dort wohnenden, meist älteren Menschen bitte etwas zurückhaltend sein.

Heiligen-Geist-Hospital
Fünf Türmchen markieren die mittelalterliche Backsteinfassade des ältesten Hospitals Deutschlands. 1286 wurde es am Koberg gegründet, als Kirche und Altersheim für Arme und Kranke zugleich. Der Kirchenraum liegt quer vor dem 88 m langen einstigen Schlafsaal, dem »Langhaus«. Die bettlägrigen Bewohner sollten so direkt am Gottesdienst teilnehmen können. Im 19. Jh. wurde es für die Bewohner der mächtigen Halle »komfortabel«: Anstatt Bett an Bett, bekam jeder Insasse eine eigene, wenn auch enge hölzerne, etwa 4 qm große Kammer, ein sogenanntes Kabäuschen. Die 150 Buden werden heute nur noch einmal pro Jahr geöffnet: für einen der schönsten deutschen Weihnachtsmärkte, immer in den ersten vierzehn Tagen im Dezember.

Verwinkelte Gäßchen, wie der alte Posthof, bestimmen das Altstadtbild Lübecks

Holstentor

Das Wahrzeichen des wehrhaften Lübeck – lange Jahre auf dem alten 50-DM-Schein abgebildet – wurde zwischen 1464 und 1468 erbaut und 1863 nur mit einer Stimme Mehrheit vor dem Abriß gerettet. Im Innern: Stadtgeschichtliches Museum (→ Museen).

Jakobikirche

Lübecks Kirchen, alle auf dem Grat des Stadthügels gebaut, sollten schon von weitem den Einfluß und die Macht der Hansestadt demonstrieren. So auch die Jakobikirche am Koberg. Ursprünglich mit zwei Türmen wie die Marienkirche geplant, wurde sie Anfang des 14. Jh. als große Hallenkirche mit nur einem Turm und seinen charakteristischen vier Kupferkugeln fertiggestellt. St. Jakobi hat den Zweiten Weltkrieg unbeschädigt überstanden und besitzt deshalb noch die bedeutenden historischen Orgeln. Sie gilt seit altersher als die »Schifferkirche« und birgt in einer ihrer Kapellen ein Rettungsboot des 1957 untergegangenen Segelschulschiffs »Pamir«.

Katharinenkirche

Das einstige Franziskanerkloster beherbergt heute sakrale Kunst und besitzt an der Fassade einen Figurenzyklus von Ernst Barlach.

Marienkirche

Sieben Kirchtürme prägen die Altstadt, die beiden 125 m hohen der Marienkirche sind die herausragendsten: Bis zur Vollendung des Kölner Doms stellten sie das höchste Kirchturmpaar der Welt dar. Gebaut wurde die dreischiffige Backsteinbasilika von 1250–1350 und war Vorbild für viele Kirchen im Ostseeraum. Beeindruckend sind vor allem die Dimensionen des Mittelschiffs: rund

40 m hoch, aber nur 80 m lang. Beim verheerenden Bombenangriff (»Palmarum«) 1942 auf Lübeck verbrannten viele der Kirchenschätze. Eine kleine Sensation förderten die anschließenden Restaurierungsarbeiten ans Tageslicht: Wandmalereien, um 1300 entstanden. Eine weitere Kostbarkeit in einer der Kapellen ist der gotische Marienaltar von 1518.

Petrikirche

Die gotische Hallenkirche (erbaut im 13. und 14. Jh.) wurde während des Zweiten Weltkriegs schwer beschädigt und ist erst in den vergangenen Jahren endgültig wiederhergestellt worden. Sie ist heute eine »Kirche ohne Gemeinde« und dient als Ausstellungs- und Konzertraum. Von der Aussichtsplattform im Turm (Fahrstuhl) hat man einen herrlichen Blick über Lübeck.

Rathaus

Eines der schönsten und ältesten Rathäuser Deutschlands und immer noch als solches genutzt. Baubeginn war um 1230 mit dem romanischen dreigiebeligen Nordbau. Gleichsam mit wachsender Bedeutung der Hansestadt bekam das Rathaus immer mehr Anbauten, ein Spiegelbild der wechselnden Epochen. Auf den ersten Blick erscheint der weitläufige Komplex deshalb heute wie ein Nebeneinander mehrerer Gebäude, wie ein Sammelsurium verschiedener Stile. Der Nordbau wurde z. B. mehrfach umgestaltet. 1435 wurde die Marktfront zur Schauseite gewandt, drei Türmchen und die beiden großen Windlöcher entstanden. Die Ostseite, das auf Laubengängen stehende »Lange Haus«, stammt aus den Jahren um 1300. Es wurde 1444 um den »Kriegsstubenbau« verlängert; 1484 entstand am anderen Ende das

»Kanzeligebäude«. Bemerkenswertes, schmückendes Beiwerk sind der holzgeschnitzte Renaissance-Erker (von 1586) und die Renaissance-Prunktreppe (1594) an der Seite der heutigen Breiten Straße. Im Innern des Rathauses lohnt sich vor allem ein Blick in den Audienzsaal mit seinen üppigen Rokoko-Stukkaturen und den großen Ölgemälden.

Museen

Behnhaus/Drägerhaus
Kunst- und Kulturgeschichte Lübecks des 18.–20. Jh. in zwei hübschen Bürgerhäusern.
Königstr. 9–11
Di–So 10–17 Uhr, im Winter 10–16 Uhr

Buddenbrookhaus
Heinrich-und-Thomas-Mann-Zentrum. Ständige Ausstellung zu Leben und Werk der beiden Schriftsteller.
Mengstr. 4
Tgl. 10–17, Do 10–19 Uhr

Stadtgeschichtliches Museum
Schiffahrt, Bodenfunde, Folterkammer.
Holstentor
Di–So 10–17 Uhr

Museum für Figurentheater
Über 700 Marionetten, Handpuppen, Stab- und Stockpuppen aus Europa, Asien und Afrika.
Kleine Petersgrube 4–5
Mo–So 10–18 Uhr

Naturhistorisches Museum
Natur und Naturgeschichte Schleswig-Holsteins. Immengarten.
Am Dom, gegenüber dem Mühlenteich
Di–So 10–17 Uhr

St. Annen-Museum
Lübeck bedeutendstes und schönstes Museum im ehemaligen St. Annen-Kloster (Kreuzgang von 1502). Kunst- und kulturgeschichtliche Sammlungen der Stadt, vieles aus den Lübecker Kirchen (Passionsaltar von Hans Memling

Die Marktfront des Rathauses zu Lübeck mit seinen großen Windlöchern

von 1491). Im Obergeschoß Lübecker Wohn- und Festräume (Kaufmannsdiele von 1736), Möbel, Silber, Porzellan und Spielzeug.
St. Annenstr. 15
Di–So 10–17 Uhr, im Winter 10–16 Uhr

Essen und Trinken

Aubergine
Ausgesprochen leckere, vollwertige und frische Gerichte (Bio-Fleisch) in restauriertem Altstadthaus. Eine Alternative nicht nur für Alternative.
Hüxstr. 57
Tel. 04 51/7 72 12
Untere/Mittlere Preisklasse

Historischer Weinkeller/Kartoffelkeller/Hospiz
Gemütlich und originell essen im Gewölbe unter dem Heiligen-Geist-Hospital.
Koberg 6–8
Tel. 04 51/7 62 34
Untere/Mittlere Preisklasse

Das kleine Restaurant
Internationale feine Küche im 300 Jahre alten Patrizierhaus.
An der Untertrave 39
Tel. 04 51/70 59 59
Obere Preisklasse

Nordisches Weinhaus
Gemütliche Weinstube (im Sommer schöner Garten) mit gut sortiertem Weinangebot (Lübeck Rotspon) und kleiner, aber feiner Speisekarte sowie hervorragender Käseauswahl.
Fleischhauerstr. 30
Tel. 04 51/7 27 60
Mittlere Preisklasse

Schabbelhaus
Lübsche Wohnkultur und Essen wie bei Buddenbrooks.
Mengstr. 48–50
Tel. 04 51/7 20 11
Mittlere/Obere Preisklasse

Schiffergesellschaft
Gepflegte Küche aus Schleswig-Holstein im historisch-maritimen Ambiente aus dem 16. Jh. Alte Segel-

Wahrzeichen Lübecks: das Holstentor mit den angrenzenden Speichern

schiffe hängen von der Decke, man sitzt an Schiffsplanken.
Breite Str. 2
Tel. 04 51/7 67 76
Mittlere/Obere Preisklasse

Schmidt's Gasthaus
Spezielle, indisch angehauchte Speisekarte. Studentisches Publikum.
Dr. Julius-Leber-Str. 60
Tel. 04 51/7 61 82
Untere Preisklasse

Wullenwever
Modern-leichte Kreationen in historischer Umgebung.
Beckergrube 71
Tel. 04 51/70 43 33
Obere Preisklasse

Einkaufen

Hüxstraße
Altstadtstraße mit viel Flair, schönen Geschäften, witzigen Läden, Boutiquen und Altstadthäusern.

Kunsthaus Lübeck
Galerie, Bilder, Gläser, Bücher.
Königstr. 20
Tel. 04 51/7 57 00

Niederegger
Ein **Muß** für alle Marzipan-Fans: Marzipan in allen erdenklichen Formen und Zusammenstellungen. Guter Kuchen und hervorragendes Eis.
Breite Str. 89
Tel. 04 51/5 30 11 26

Weinhandel H.F. v. Melle
Altes hübsches Weinhaus, in dem man auch den berühmten Lübecker Rotspon kaufen kann.
Beckergrube 86
Tel. 04 51/7 10 59

Werkhof
Eine Art alternative Einkaufspassage in einer ehemaligen Fabrikhalle. Nettes Café, abends oft Veranstaltungen (Kabarett, Konzerte).
Kanalstr. 70/Ecke Glockengießerstr.
Tel. 04 51/7 57 18

Am Abend

Abaco
Super-Disco.
Stockelsdorf/Daimlerstr. 2
Tel. 04 51/4 99 26 12

Buthmann's
Urige, alte Bierkneipe
Glockengießerstr. 3
Tel. 04 51/7 67 88

Dr. Jazz Club
Untertrave 1
Tel. 04 51/70 59 09

Hüx
Bekannte Disco in der Altstadt.
Hüxterdamm 14
Tel. 04 51/7 66 33

Im alten Zolln
Traditionelle Lübecker Bierkneipe, oft mit Live-Musik.
Mühlenstr. 93
Tel. 04 51/7 23 95

Theater
Bühnen der Hansestadt Lübeck (Oper, Operette, Schauspiel, Ballett), während des mehrjährigen Umbaus verschiedene Spielstätten.
Theaterkasse:
Dr. Julius-Leber-Str. 23
Tel. 04 51/7 45 52

Theater Combinale
Junges, engagiertes Theater im Hinterhof.
Hüxstr. 115
Tel. 04 51/7 88 17

Service

Auskunft
Amt für Lübeck-Werbung und
Tourismus
Touristbüro am Markt
Tel. 04 51/12-2 81 06

Fahrradverleih
Leihcycle
Schwartauer Allee 39
Tel. 04 51/4 26 60

**Stadt-, Kanal- und Hafenrund-
fahrten**
Lübecker Fahrgastschiffahrt
Quandt
Abfahrt Obertrave
Tel. 04 51/7 38 84
KuFra Werft GmbH
Abfahrt Obertrave
Tel. 04 51/2 65 61

Ausflugsziele

Brodtner Ufer ■ E 4

Vom nördlich von Travemünde gelegenen, 20 m hohen Steilufer hat
man nicht nur einen herrlichen Blick
auf die **Lübecker Bucht**, sondern
auch pure Natur: Die »aktive« Ab-
bruchkante ist Naturschutzgebiet,
Heimat vieler Uferseeschwalben
und bietet interessante »Einblicke«
in die Bodenbeschaffenheit Osthol-
steins. Ausgiebige Spaziergänge
können mit Fischspezialitäten im
Restaurant und Café »Hermannshöhe« abgerundet werden.

Gothmund ■ E 5

Ein idyllischer Fischerort mit alten
Reetdachhäusern und Fischkuttern.
Die Fischer von Gothmund besitzen
noch heute das ausschließliche
Fisch- und Angelrecht in der Trave.

Grömitz ■ F 4

Das Ostseebad wirbt mit Superlati-
ven: der längste Strand (8,5 km), die
längste Uferpromenade (3,5 km),
die meisten Strandkörbe (5 000) und
die längste Seebrücke: 398 m weit
kann man auf ihr über's blaue Wasser flanieren. Noch mehr gehört zu
Grömitz: das **Kloster Cismar**. Die
renovierte Kirche des ehemaligen
Benediktinerklosters (13. Jh.) wird
heute als Dependance des Schleswig-Holsteinischen Landesmuseums Gottorf für Ausstellungen genutzt.

Lauenburg ■ E 6

Das kleine Elbstädtchen im Kreis
Herzogtum Lauenburg lag nach der
deutschen Teilung vierzig Jahre im
Schatten der großen Ereignisse.
Hier am ehemaligen Zonenrand
schien die Zeit sich eine Pause zu
gönnen. Dem Städtchen kam das in
finazieller Hinsicht nicht besonders
zugute. Die Wirtschaft wanderte ab,
und die Werft hatte mehr und mehr
um ihr Überleben zu kämpfen. Heute kommt der Stadt diese Entwicklung sehr zugute. Die malerische
Unterstadt mit der alten Apotheke in
der Elbstraße hat sich ihren nahezu
mittelalterlichen Charme bewahren
können. Und auch der Werft, die die
Silhouette der Stadt bestimmt, er-
fährt den ersten Aufschwung.

Von dem Schloß der Lauenburger
Herzöge hoch über der Stadt ist
nach einem Brand im Jahr 1616 bis
auf einen Backsteinturm nicht mehr
viel geblieben. Die Maria Magdale-
nen Kirche aus dem 13. Jh. birgt die
Metallsärge der Sachsen-Lauenbur-
ger in einer Gruft unter dem Chor. In
dem ehemaligen Rathaus aus dem
Jahr 1740 ist das Elbschiffahrtsmu-
seum untergebracht. Auf der Lauen-

burger Werft wurden in den ersten Jahren dieses Jahrhunderts auch Raddampfer gebaut. Ein Exemplar schippert im Sommer immer noch auf der Elbe. Eine Besonderheit ist auch die älteste Schleuse der Welt, die Palmschleuse von 1724. Sie befindet sich am Lauenburger Ausgang des Elbe-Lübeck-Kanals, bei der Lauenburger Elbbrücke.

Hotel

Hotel Möller
Modernes Haus ohne besondere Ansprüche. Schöner Blick.
Elbstraße 46–50
Tel. 0 41 53/20 11
62 Betten
Mittlere Preisklasse

Essen und Trinken

Zum alten Schifferhaus
Fisch in allen Variationen.
Elbstraße 114
Tel. 24 08
Untere Preisklasse

Mölln ■ E 5

Mölln an der Alten Salzstraße, die im Mittelalter Lübeck mit Lauenburg verband, ist vor allem durch einen Spaßvogel aller ersten Ranges bekannt geworden: **Till Eulenspiegel**. 1350 hauchte der Bürgerschreck sein Leben im Spital zum Heiligen Geist aus. An Eulenspiegel erinnert heute eine Bronzefigur auf dem Platz vor dem alten Rathaus, die 1950 der Bildhauer Karlheinz Goedtke geschaffen hat. In dem Haus Am Markt 2 aus dem Jahr 1587, einem der ältesten Häuser Möllns, ist das **Heimatmuseum** untergebracht. Das Rathaus aus der zweiten Hälfte des 14. Jh. ist neben dem von Lübeck das einzig gotische Rathaus Schleswig-Holsteins. Die romanische St. Nikolaikirche stammt aus dem 12. Jh. In ihr hat sich das Gestühl der Stegnitzfahrer vollständig erhalten. Auf der Orgel von 1588 hat im Jahr 1705 auch einmal Johann Sebastian Bach gespielt.

Spaßvogel und Bürgerschreck – Till Eulenspiegel auf dem Rathausplatz in Mölln

Niendorf ■ E 4

Zwischen dem mondänen Travemünde und dem schicken Timmendorfer Strand liegt das nette
und ruhige Niendorf. Ein Familienba-
deort mit einem kleinen Fischerha-
fen. Hier bekommt man jeden Vor-
mittag frisch vom Kutter Schollen,
Steinbutt, Dorsch oder Heringe und
manchmal auch einen Ostseelachs.
Gegenüber kann man dann in einer
kleinen Räucherei und einer fast im-
provisiert wirkenden Fischbratküche
das frisch gebacken essen, was die
Niendorfer Fischer an Land ziehen.

Ratzeburg ■ E 5

Ratzeburg, die Stadt zwischen dem
Ratzeburger See und dem kleineren
Küchensee, wird von ihrem romanischen **Backsteindom** dominiert.
Er wurde 1154 von Heinrich dem
Löwen gestiftet. Baubeginn war
zwischen 1160–70 auf dem Palm-
berg. Das Mittelschiff erreicht die
stolze Höhe von 17 m, die Kreuzi-
gungsgruppe stammt aus dem
13. Jh. An der Südwand des Neben-
schiffs befindet sich die Loge der
Herzöge von Sachsen-Lauenburg
aus dem Jahr 1637, der sogenannte
Lauenburger Chor. Hinter dem Dom
liegt das Domkloster von 1250, von
dem noch Reste erhalten sind. In
der alten Probstei, dem ehemaligen
Herrenhaus von Herzog Adolf Friedrich IV. von Mecklenburg aus dem
Jahr 1764, befindet sich das Kreismuseum. Im Domhof 5 steht ein
Museum, das an den Zeichner
A. Paul Weber erinnert. Am Barlach-
platz 3 befindet sich das Barlach-
Museum, das ehemalige Elternhaus
des Bildhauers und Dramatikers.
Sehenswert sind außerdem die Alte
Wache, das Kreishaus von 1721 und
das alte Rathaus von 1843.

Scharbeutz und Haffkrug ■ E 4

Scharbeutz war das vornehme Bad,
Haffkrug ein Fischerdorf – heute
gehören sie zusammen, der lange
Strand ist feinsandig.

Sierksdorf ■ E 4

Wo früher Fischer ihre Netze flick-
ten, gibt es heute Ferienwohnungen
und im Sommer Strandleben satt.
Vor allem für Kinder ist der Kurort
zum begehrten Ausflugsziel geworden: »Hansapark« heißt das Zauber-
wort – ein Freizeitpark mit Super-
Attraktionen. Auch in Sierksdorf, etwas kleiner, aber für Junggebliebe-
ne mit Sinn für's Verrückte nicht
minder attraktiv: Bernhard Stellma-
cher's »Bananen-Museum«.

Timmendorfer Strand ■ E 4

Traditionell ein Ferienort für Menschen von nah und fern. Viele alte
Villen am Strand zeugen noch
von diesen frühen Blütejahren.
Vor allem im Nachkriegs-
deutschland nahm das mondä-
ne Seebad einen unerhofften Aufschwung. Der Grund: Beliebte See-
bäder in Mecklenburg-Vorpommern
waren durch die deutsch-deutsche
Teilung zum Beispiel für viele Hamburger nicht mehr zu erreichen.
Heute am Timmendorfer Strand
Urlaub zu machen ist schick und
teuer. Sehen und gesehen werden
rund um den Timmendorfer Platz
und seine Cafés gehören dazu.

TOPTEN 8

**Maritim Golf- und
Sporthotel/Orangerie**
Elegantes Restaurant mit sehr guter
Küche.
Strandallee 73
Tel. 0 45 03/60 70, Fax 29 96
400 Betten
Luxusklasse

Essen und Trinken

Landhaus Carstens
Das traditionelle Speiselokal an der
Promenade. Sehr gute Küche.
Strandallee 73
Tel. 0 45 03/25 20
Mo geschl.
Obere Preisklasse

Travemünde ■ E 4

»Lübecks schönste Tochter« ist ein
Stadtteil der Hansestadt und staat-
lich anerkanntes Ostseebad. 1329
kaufte Lübeck das kleine Fischerdorf den Holsteiner Grafen ab. Man
wollte die Travemündung unter Kontrolle halten, um die Zufahrt zum
Lübecker Hafen zu sichern.

Heute ist Travemündes Skandina-
vienkai mit 5 000 Abfahrten pro Jahr
der größte Fährhafen Europas. Und
eines der traditionsreichsten Seebä-
der: mit dörflichem Charakter in der
malerischen Altstadt; mit mondä-
nem Charme auf der 2,5 km langen
Promenade; mit internationalem
Flair bei der alljährlichen großen
Segelregatta, der »Travemünder
Woche«; mit dem Spielcasino, dem
Erlebnisbad »Aqua Top« und natürlich mit dem feinsandigen Strand
(→ Sport und Strände).

Travemünde, der Hafen von Lübeck und größte Fährhafen Europas

SEHENSWERTE ORTE UND AUSFLUGSZIELE

Hotels

Hotel Atlantic
Einfaches Haus, aber schön gelegen.
Kaiserallee 2a
Tel. 0 45 02/7 50 57
54 Betten
Untere/Mittlere Preisklasse

Hotel Deutscher Kaiser
Vorderreihe 52
Tel. 0 45 02/50 28
200 Betten
Mittlere Preisklasse

Maritim Strandhotel
Trelleborgallee 2
Tel. 0 45 02/8 90
470 Betten
Obere Preisklasse

Sehenswertes

St. Lorenz Kirche
Gebäude aus dem 16. Jh. mit Barockaltar und -kanzel.

Viermastbark Passat
Das ehemalige Segelschulschiff auf
der Priwall-Halbinsel (Fähre) kann im
Sommer besichtigt werden.

Vogteigebäude
Backstein-Giebelhaus (um 1600),
heute Polizeistation.

Vorderreihe
Die Travemünder »Meile« voller
Boutiquen, Läden und Cafés.

Essen und Trinken

Alte Kate
Der Nachtclub in der Nähe des
Skandinavienkais wird gerne auch
von Gästen aus skandinavischen
Ländern besucht. Die Stimmung ist
entsprechend, es geht in der Regel
etwas lauter zu als in vornehmen
altenglischen Herrenclubs.
Borndiek 3
Tel. 0 45 02/31 46
Mittlere Preisklasse

Café Niederegger
Der Ableger des Stammhauses der
Marzipandynastie von Lübeck bietet
alles, was man sich an süßen Sachen wünschen kann. Das Café besitzt eine angenehme Atmosphäre.
Sehr zu empfehlen sind die Torten
und der vorzügliche Kaffee.
Vorderreihe 56
Tel. 0 45 02/20 31
Mittlere Preisklasse

Hermannshöhe
Das Ausflugslokal an dem berühmten Steilufer von Brodten hält vor
allem Kost der etwas deftigeren Art
für die Gäste bereit. Die Portionen
sind ausreichend. Zu empfehlen
sind auch die Kuchen.
Tel. 0 45 02/7 30 21
Untere Preisklasse

Maritim
Das Dachrestaurant im 35. Stockwerk des Maritim-Hotels hat nicht
nur einen unvergleichlichen Panoramablick über die Lübecker Bucht zu
bieten, auch die Küche erfüllt gehobene Ansprüche. Allerdings wird nur
am Abend serviert. Gute Weinkarte,
aufmerksamer Service.
Trelleborgallee 2
Tel. 0 45 02/89 20 35
Obere Preisklasse

Mittelalterlicher Charme an der Elbe – Festungsturm in Lauenburg

Von der Trave ganz umschlossen:
die Altstadt von Lübeck
ist UNESCO-Weltkulturgut

Der sechste Kontinent, wie sich die einzige Ostseeinsel Schleswig-Holsteins gerne nennt, ist eine Welt für sich. Nichts kann einen hier aus der Ruhe bringen.

Die Hauptstadt der Insel, **Burg**, gilt als eine der schönsten Städte im Norden. Fachwerkhäuser, Kopfsteinpflaster, eine mittelalterliche Kirche, was will der Nostalgiker mehr. Am Südstrand, einem Stadtteil von Burg, waren die Bausünden wohl nicht mehr zu vermeiden. Siebzehngeschossige Wohntürme, Appartementanlagen, es ist einfach alles da, was in den siebziger Jahren mit großem Schwung an die Strände gesetzt wurde. Die Einwohner tragen's mit Fassung.

Burg
■ F 3

Ruhe und Einsamkeit

42 Dörfer gibt es auf der Insel, die an großer Kultur nicht viel zu bieten haben und immer noch an den Wunden leiden, die der Zweite Weltkrieg gerissen hat. Aber auf Fehmarn, der Insel, die lieber für sich geblieben wäre, strahlt auch das Kleine eine gewisse Größe aus. Die Ruhe, die über der Insel liegt, ist in unserer hektischen Zeit selten. Daß die Insel immer ein wenig abseits lag, hat ihr nicht geschadet, ganz im Gegenteil. Fehmarn ist auch heu-

Mit den Fischern feiern beim Hafenfest in Burgstaken

te noch trotz des Tourismus eine Bauerninsel und von der Industrie, den Gewerbeparks und riesigen Einkaufszentren verschont geblieben. Dafür gibt es Landschaft und gute Luft im Überfluß.

Sprungbrett nach Skandinavien

185 Quadratkilometer ist Fehmarn groß und war damit bis zur Wiedervereinigung die größte Insel Westdeutschlands. Heute hat Rügen in Mecklenburg-Vorpommern die Nase vorn, aber das dürfte die 12 000 Fehmarner kaum stören. Wenn je von einem stolzen Inselvolk die Rede war, dann von den Fehmarnern. Stolz und ein gewisses Durchhaltevermögen waren durchaus nötig, um die Wechselfälle der Geschichte zu überstehen. Mal verwüsteten Piraten, mal die dänischen Könige, dann wieder die Holsteiner Grafen die fruchtbare Insel, die ungeschützt im Meer lag.

Verbindung zum Festland

Erst 1963 wurde Fehmarn mit dem Festland durch die **Fehmarnsundbrücke** verbunden. Sie spannt sich über eine Länge von 963 Metern und erreicht an ihrem höchsten Punkt 70 Meter. Der Brückenbau war das erste gemeinsame deutsch-dänische Projekt nach dem Zweiten Weltkrieg und hatte so neben seiner verbindenden durchaus auch eine symbolische Funktion. Seitdem stellt die Sundbrücke den nächsten Verbindungsweg über Fehmarn nach Dänemark und allgemein nach Skandinavien dar. Die Bauzeit betrug sechs Jahre.

Die Fehmarnsundbrücke hat eine Länge von 963 Metern

Gotteshaus aus dem 13. Jh. ist die Nikolaikirche in Burg

Hotels und andere Unterkünfte

Burg-Klause
Modernes Haus im Zentrum.
Blieschendorfer Weg 1–5
Tel. 0 43 71/67 82
27 Betten
Mittlere Preisklasse

Hotel Intersol
Kurhotel mit allem, was der Kurgast braucht.
Südstrandpromenade
Tel. 0 43 71/40 91
116 Betten
Obere Preisklasse

Voß-Haus
Traditions-Haus mit gutbürgerlicher Küche und Café.
Südstrandpromenade
Tel. 0 43 71/67 06
40 Betten
Mittlere Preisklasse

Wisser's Hotel
Gutbürgerliches Hotel mit ansprechender Küche im Zentrum, zwei Appartementhäuser.
Am Markt 21
Tel. 0 43 71/31 11
70 Betten
Mittlere Preisklasse

Sehenswertes

Burgruine Glambeck
Die Burgruine wurde bei einer Sturmflut im Jahr 1872 freigespült. Man fand Waffen, Münzen, Ton, Steine und Scherben verschiedenster Gefäße. Die Burg aus dem 13. Jh. war im Dreißigjährigen Krieg von den Truppen Wallensteins geplündert und zerstört worden.

Peter-Wiepert-Museum
Peter Wiepert hat so ziemlich alles gesammelt, was mit der Geschichte seiner Insel in Zusammenhang gebracht werden konnte. Die Sammlung des Inselchronisten widmet sich vor allem den bäuerlichen Traditionen.
Breite Straße 49
Juni–Sept. Mo–Sa 10–12 und 14–17 Uhr, ansonsten auf Anfrage

St. Nikolaikirche
Das Gotteshaus aus dem 13. Jh. ist das Wahrzeichen von Burg. Der starke Turm wurde 1513 gebaut. Sehenswert sind die Bronzetaufe aus dem Jahr 1391 und das spätgotische Gemälde »Madonna auf der Mondsichel«.

Essen und Trinken

Landhaus Kröger
Gutbürgerliche Küche, Fischspezialitäten.
Breite Str. 10
Tel. 0 43 71/67 53
Mo geschl.
Mittlere Preisklasse

Lotsenhaus
Sehr guter Fisch in einem ehemaligen Lotsenhaus.
Burgstaaken 65
Tel. 0 43 71/55 97
Mittlere Preisklasse

Störtebeker
Etwas für den kleinen Seefreund.
Breite Str. 23
Tel. 0 43 71/38 43
Mi geschl.
Mittlere Preisklasse

SEHENSWERTE ORTE UND AUSFLUGSZIELE

Einkaufen

Burg-Galerie
Kunst für den kleinen Geldbeutel.
Breite Str. 42
Tel. 0 43 71/12 22

Inseltöpferei
Gebrauchskeramik und Einzel-
stücke.
Niendorfer Str. 12
Tel. 0 43 71/7 75

Service

Auskunft
Insel-Information
Burg, Breite Str. 28
Tel. 0 43 71/30 54, 30 55, Fax 506 81

Fahrradverleih
Breite Str. 46
Tel. 0 43 71/13 03

IFA Ferien-Centrum Südstrand
Tel. 0 43 71/50 11 01

Verkehrsverein Landkirchen
Landkirchen
Tel. 0 43 71/24 36

Verkehrsverein Puttgarden
Presen auf Fehmarn
Tel. 0 43 71/96 78

Ausflugsziele

Flügge ■ F 3

Von dem 40 m hohen Leuchtturm
mit seiner Aussichtsplattform hat
man bei gutem Wetter einen freien
Blick bis ins benachbarte Dänemark.
Der Leuchtturm wurde 1914 gebaut
und diente auch als Seezeichen. Im
Südosten liegt das Naturschutzgebiet **Krummsteert**, ein Reservat für
viele selten gewordene Vogelarten.

Landkirchen ■ F 3

Die kleinste Kirche der Insel steht in
Bannesdorf, dafür kann Landkirchen
mit der schönsten und am reichsten
ausgestatteten Kirche prahlen. Der
älteste Teil der dreischiffigen Back-
steinhalle stammt aus dem 13. Jh.
Aus dem 17. und 18. Jh. sind 50
Betschemel mit Inschriften und Ritz-
zeichen erhalten. In der Kirche steht
auch der sogenannte Landesblock,
eine Truhe, in der Urkunden aufbe-
wahrt wurden. Das Votivschiff von
1617, das ein lübisches Kriegsschiff
darstellt, ist das viertälteste deutsche Schiffsmodell überhaupt.

Essen und Trinken

Petersens Gasthaus
Für eine kleine Pause empfiehlt sich
dieses Gasthaus.
Tel. 0 43 71/32 62
Untere Preisklasse

Lemkenhafen ■ F 3

In dem kleinen Dorf dreht sich die
einzige heute noch funktionsfähige
Segelwindmühle Europas aus
dem Jahr 1787, gleichzeitig ein
Mühlen- und Landwirtschaftsmuse-
um (Tel. 0 43 72/6 10, im Winter geschl.).

Aalkate
In der Aalkate wird rustikal gegessen, frischer Fisch aus der Hand auf Holzbrettern und Schnaps direkt aus der Flasche. Aal gibt's direkt aus der Räucherkammer.
Königstr. 20
Tel. 0 43 72/5 32
Untere Preisklasse

Niobe-Denkmal ■ F 3

Nahe bei dem Dorf Gammendorf im Norden Fehmarns erinnert das Niobe-Denkmal an den Tod von 69 Seemännern, die am 26. Juli 1932 ihr Leben verloren, als das Segelschulschiff Niobe infolge einer Windboe innerhalb von wenigen Minuten unterging. Nur 40 Männer konnten gerettet werden. An das Unglück gemahnt der Mast der Niobe, der einsam im Wind steht.

Petersdorf ■ F 3

Der 64 m hohe Turm der Backsteinkirche aus dem 13. Jh. diente über die Jahrhunderte als Seezeichen. Sehenswert sind der gotische Altar, eine Kreuzgruppe aus dem 15. Jh., die Kanzel aus der Zeit um 1600 sowie zahlreiche Barock- und Renaissanceepitaphien.

Puttgarden ■ F 3

1963 war es auch mit der Beschaulichkeit in Puttgarden vorbei. Ab da war der Ort mit seinem Fehmarnkai Verbindungshafen nach Dänemark und markanter Punkt auf der Vogelfluglinie. Vom Bahnhof der insgesamt 35 ha umfassenden Hafenanlage führt ein windgeschützter, 140 m langer Landgangsteg zu den Schiffen. Aus den beiden Hafenbecken wurden damals rund eine Million m³ Sand ausgebaggert, von denen ein rundes Drittel zur Aufschüttung der beiden 630 und 820 m langen Molen verwendet wurden.

Petersdorf auf Fehmarn bietet dem Urlauber absolute Ruhe

Ob im Mai, wenn der Raps auf den Feldern blüht oder im Herbst, wenn sich das Laub goldbraun färbt, für Wanderer und Fahrradfahrer ist immer Saison.

Wer in Schleswig-Holstein, und besonders natürlich an der Küste, sein Glück auf den Feld- und Wanderwegen nicht findet, dem ist nicht zu helfen. Denn die Landschaft im sogenannten rauhen Norden, ist nicht immer nur rauh, sondern sehr abwechslungsreich. Im Mai, wenn der Raps blüht und die sanften Hügel Holsteins in eine gelblich wogende See verwandelt, im Sommer, wenn das Getreide auf den Feldern steht, und es sich zwischen den Halmen wunderbar träumen läßt, im Herbst, wenn die Blätter fallen und das Laub die Wege mit einem Teppich aus Rot und Braun überzieht und im Winter, wenn der eisige Wind durch die kahlen Bäume und über die leeren Felder pfeift – also genaugenommen zu jeder Jahreszeit – bietet das Land für jeden etwas.

Selbst im Sommer, wenn die Küste von Urlaubern doch nahezu überrannt wird, findet sich immer noch ein einsames Plätzchen im Grünen. Das Hinterland ist bei weitem nicht so stark bebaut wie das Umland der größeren Städte. Das bedeutet, daß der Wanderer oder der Fahrradfahrer nicht mit einem so großen Verkehrsaufkommen rechnen muß. In der Regel sind die kleinen Landstraßen kaum befahren. Natürlich muß man sich vor jedem landwirtschaftlichen Gerät in Acht nehmen; die Bauern sind mit ihren Treckern nicht immer zimperlich. Ein Vorteil bringt die veränderte Weltlage seit der deutschen Wiedervereinigung auch für Schleswig-Holstein: das Militär im Lande wird Zug um Zug abgezogen und so schwindet allmählich die große Zahl der militärischen Konvois. Zudem wird es weniger Manöver geben. Das schont die Natur und freut den Urlauber.

In Konkurrenz zur Ostseeküste hat auch das Hinterland einiges für den Wanderer zu bieten. Wer noch nie den Uklei-See bei Mondenschein umrundet hat und aus dem stillen Wasser die Elfen aufsteigen sah, wer noch nie am Haddebyer Noor saß und von den Abenteuern der Wikinger träumte, die über die Meere fuhren und reiche Beute machten, dem bleibt der sagenumwobene poetische Aspekt der Landschaft verschlossen. Für eher nüchterne Gemüter bietet sich der Nord-Ostsee-Kanal, die meistbefahrene Wasserstraße der Welt, an der man entlangradeln kann, bis einem die Beine lahm werden.

Umschlossen von Rapsfeldern ist die Mühle bei Farve

Herrenhäuser gibt es fast wie Sand am Meer im soge-nannten Grafenwinkel. In diesem schönen Landstrich liegen auch Farve und Ehlersdorf. Die Tour beginnt an der Schleuse Weißenhäuser Strand und geht erst einmal am Randkanal entlang. Das Hinterland liegt leicht hügelig hinter dem Strand, bei gutem Wetter ist der Weg leicht zu passieren. Ansonsten versinkt die Landschaft auch gerne einmal im Regen mit der Folge, daß es Fahrradfahrer etwas schwerer haben, auf Kurs zu bleiben. Hinter der Schutzhütte geht es rechts über die B 202 in den Wald. Der Weg ist sehr gut zu erkennen, Hinweisschilder gibt es genügend. Am Forsthaus heißt es dann links Richtung Farve abbiegen, die Farver Mühle von 1828 dient auf die-

Ausflug zur Hohwachter Bucht

sem Abschnitt als Zeichen und Wegmarke in dieser ländlichen Umgebung. Immer an der B 202 entlang geht es nach Hohenstein, einer unbedeutenden Ansammlung von Häusern. Hinter der Kirche abbiegen nach Ehlersdorf, dann am Wald vorbei nach Johannisdorf. Am Ortsausgang rechts nach Grammdorf abbiegen, an der Abzweigung nach Meischenstorf kann man ein Hünengrab bewundern, wie es sie in Holstein noch zahlreich gibt. In Grammdorf dann am Ende des Ortes wieder Richtung Farve fahren, das reetgedeckte Wasserwerk, im Auge. Dann geht es wieder Richtung Ausgangspunkt.

Dauer: ca. 2 Stunden
Länge: 18 Kilometer
Karte: → Klappe vorne

Kultstätte der Steinzeitmenschen – Hünengrab bei Malente

Rund um
den Kellersee

Der Kellersee hat es nicht ganz so zur lokalen Berühmtheit gebracht wie sein kleiner Bruder, der Uklei-See. Der Kellersee ist eher von prosaischer Natur, ein Nutzsee, auf dem die Ausflugsschiffe verkehren. Über dem Uklei-See liegt dagegen der Segen der Sage. Hier sollen um Mitternacht Elfen aus dem Wasser steigen und ihr Klagelied anstimmen, das schon manches Herz zerissen haben soll. Aber Genaueres ist nie bekannt geworden. Deshalb wollen wir uns hier lieber an den Kellersee halten, sicher ist sicher.

Von Eutin geht es Richtung Norden zum **Fissauer Fährhaus**, einer Anlegestelle für die Schiffe der Seen-Fahrten. Der Weg führt am Wasser entlang nach Uklei und weiter nach Sielbeck. Am Nordufer des Sees verfolgen wir den Weg in Richtung Malente, dem Erholungsort, in dem die deutsche Fußballnationalmannschaft gerne vor großen Tunieren Kraft tankt. Immer Wälder und Wiesen vor Augen. Kurz vor Malente erhebt sich das Gebäude der Landesfinanzdirektion an der Stelle, an der früher das Hotel stand, das der Holsteinischen Schweiz ihren Namen gab. Hinter Malente folgen dann bald Anlegestellen für die **Seenschiffahrt**. Nach ein paar hundert Metern auf der Landstraße geht es hinter dem **Gut Rothensande** links in Richtung Prinzenholz. In Ufernähe fahren wir zurück zum Fissauer Fährhaus.

Dauer: ca. 3 Stunden
Länge: 20 km

Bootstour über den Kellersee

Über Stock und Stein
und Stoppelfeld –
Radwandern im Herbst

Einmal quer durchs Land

Quer durch Schleswig-Holstein führte von der Bronzezeit bis tief ins 19. Jahrhundert der sogenannte **Heerweg**. Bis ins Mittelalter hinein wurde diese staubige Nord-Süd-Verbindung vor allem von Soldaten benutzt, daher die Bezeichnung. Dann setzte sich die zivile Nutzung durch, und der Heerweg bekam einen anderen Namen: **Ochsenweg**. Im Jahr 1617 sollen 12 000 Tiere auf den großen Tiermarkt nach Wedel getrieben worden sein. In Oeversee machte man gern im »Historischen Krug« Rast, der damals natürlich noch nicht historisch war, und erbat sich in der örtlichen Kirche Schutz vor Wegelagerern, die im **Kropper Busch** wenige Kilometer südlich von Schleswig auf Beute lauerten. Ein Teilstück des alten Ochsenweges, der unter Naturschutz gestellt worden ist, kann heute immer noch begangen werden. Er erstreckt sich zwischen dem steinzeitlichen **Hünengrab** fünf Kilometer südlich von Idstedt und Lürschau. Eine Stunde südlich von Lürschau kann man in Schuby im »Deckerkrug« einkehren, den es auch schon im 16. Jahrhundert gegeben hat, damals an anderer Stelle. In Kropp, südlich von Schleswig, kann man vom Gasthof »Kropperbusch« zum historischen Landgasthof »Sorgbrück« wandern, in dem auch Gustav Wasa 1519 Rast machte.

Dauer: 8 Stunden
Länge: 25 km

TOP TEN
3

Auf dem Ochsenweg quer durch Schleswig-Holstein

Zu Wasser
die Schlei hinunter

Die Schlei ist eines der besten Segelgebiete an der Ostsee. Ein ruhiges Gewässer mit idyllischen Ufern, an denen die Dörfer wie auf einer Perlenkette liegen. Auf einer Fahrt mit dem Oldtimerschiff **Wappen von Schleswig** läßt sich diese Landschaft mit ihren sanften Erhebungen stimmungsvoll erleben. Vom Anleger in Schleswig geht es vorbei an der **Möweninsel** und dem Yachthafen mit **Haddeby**. Am südlichen Ufer liegt auf der Höhe der Kleinen Breite das **Fährhaus von Fahrdorf**. Gleich hinter Stexwig zeigt sich das Anwesen von **Louisenlund**, heute ein Internat für die besseren Kreise. An der Großen Breite vor der Landzunge Kielfoot erweitert sich die Schlei fast seenartig. Bei **Missunde** passiert das Schiff die engste Stelle der Schlei, die für den Autoverkehr von einer per Seilzug betriebenen Fähre überquert wird. Vorbei geht es am **Gunnebyer Noor**. Bei Lindaunis überquert die Eisenbahn die Schlei auf einer Klappbrücke, vorbei geht's an Sieseby auf dem südlichen Ufer, bis bald **Arnis** in Sicht kommt, die kleinste Stadt Schleswig-Holsteins. Ehe das Schiff in Schleimünde anlegt, passiert es noch Kappeln und gegenüber von Maasholm das **Kaisereck**, von wo aus die letzte deutsche Kaiserin die Aussicht über die Schleimündung genoß (Ablegestelle, Tel. Schleswig 0 46 21/2 33 19 oder Kappeln 0 46 42/ 29 45).

Dauer: 3 Stunden
Länge: 25 Kilometer

Fischkutter in Maasholm vor dem Auslaufen

Dänemark hin und zurück

Von der Schiffbrücke in Flensburg legen nicht nur die Butterschiffe ab, sondern auch die Schiffe nach Kollund, der Fördestadt, direkt gegenüber in Dänemark gelegen. Die Fahrt mit dem Ausflugsdampfer dauert etwa eine halbe Stunde und erlaubt einen Blick auf das Hafenpanorama. Man fährt an dem Gelände der **Flensburger Werft** vorbei mit ihrem gewaltigen Hallenbau, auf der Ostseite liegt die **Marineschule**. In Kollund geht es zu Fuß weiter. Man verfolgt den Waldweg, der 50 Meter hinter dem Anleger links in den Wald hinaufführt. Von da aus verläuft der Weg immer am Ufer entlang, aber in der lichten Höhe von 20 Metern über dem Wasserspiegel, durch den Wald in Richtung Westen. Es ist sinnvoll, sich auf eine kleine Berg- und Talfahrt einzustellen. Der Regen hat im Laufe der Jahrtausende kleine Schluchten, so schmal wie Gletscherspalten, in das weiche Erdreich gegraben. Und wenn es wieder einmal geregnet hat, ist der Boden morastich und es kann für einen unerfahrenen Wanderer gefährlich werden, wenn er vom Weg abkommt. Die Brücken über manche Abgründe sind auch nicht gerade neu – also Vorsicht! Aber der Wald belohnt die Mühe und zeigt sich im Sommer von seiner angenehm kühlen Seite. Die Ausblicke von der Höhe lohnen den Weg auf jeden Fall. Nach 45 Minuten erreicht man einen kleinen Grenzübergang, der allerdings nur im Sommer besetzt ist. Von Wassersleben aus fahren Busse zurück in die Stadt.

Dauer: 3 Stunden

Ein Tagestrip nach Dänemark gefällig?

Um den Plöner See

Die Prinzeninsel reckt sich als Landzunge unterhalb des Plöner Schlosses in den Plöner See. Ihr Name geht auf die beiden Söhne des letzten deutschen Kaisers zurück, die in der Kadettenanstalt im Schloß ihren militärischen Schliff erhalten sollten. Die Nazis räumten später das Gebäude und machten aus dem Bau eine Erziehungsanstalt.

Erst 1881, als man den Wasserspiegel des Sees absenkte, wurde aus der Insel eine Landzunge, die für die Öffentlichkeit erst seit 1918 zugänglich ist. Davor war sie kaiserlicher Privatbesitz. Unterhalb des Schlosses führt ein Wanderweg unter einer Bahnlinie hindurch auf die Insel. Nach ein paar hundert Metern, die man unter großen Linden dahinschlendert, liegt linker Hand eine Kleingartenkolonie mit dem Namen Kamerun, wahrscheinlich eine Erinnerung an die ehemalige deutsche Kolonie in Afrika. Auf die Laubenpieper folgt ein Friedhof, auf dem gefallene Matrosen aus den beiden Weltkriegen ihre letzte Ruhe gefunden haben. Weiter geht es auf dem Hauptweg, der gleichzeitig ein Naturlehrpfad ist, immer geradeaus, bis am Waldrand das **Niedersächsische Bauernhaus**, ein Restaurant, in dem man im Sommer rustikal essen kann, in Sicht kommt. Eine reetgedeckte Hütte an der Spitze der Insel markiert den Platz, den die letzte Kaiserin bevorzugt besuchte. Von dem Bauernhaus kann man auch mit dem Boot nach Plön zurückfahren.

Dauer: 2 Stunden
Länge: 7 Kilometer

Lieblingsplatz der letzten deutschen Kaiserin war die reetgedeckte Hütte

Rasante Fahrt durch Schleswig

Die Bundesbahn spart zwar auch im hohen Norden wo sie kann, aber sie hat sich auch etwas durchaus Neues einfallen lassen: Zwischen Flensburg und Lübeck, der traditionellen Küstenstrecke verkehrt die erste Regionalschnellbahn Deutschlands. Das Wort von der Schnellbahn sollte man allerdings nicht auf die Goldwaage legen. Denn erstens ist der Zug von der Durchschnittsgeschwindigkeit eines IC noch um einiges entfernt, und zweitens ist es ja gerade der Sinn der Sache, daß der Zug nicht so durch die Landschaft saust, daß einem die Ohren dröhnen. Der »Förde-Express« leistet sich dazu noch den Luxus, an sechzehn Bahnhöfen zu halten. Auf seiner Fahrt durchs ganze Land werden diverse Buchten gestreift, Flüsse und Förden überquert und es geht vorbei an über 100 Seen. Endlich einmal eine gute Idee der Bahner: Denn auf diese Weise läßt sich nicht nur in knapp drei Stunden ein Bundesland erfahren, wer von außerhalb kommt hat auch noch die Gelegenheit, mit den Einheimischen in ganz normalen Kontakt zu treten. Denn der Zug wird auch von Pendlern benutzt und ist beileibe keine bloße Touristenattraktion. Die Reise geht von Norden nach Süden. Nördlichster Bahnhof ist Flensburg, südlichster Lübeck. Von Flensburg fährt der Zug quer durchs Angeliter Land mit seinen sanft gewellten Feldern, die so sehr an die Holsteinische Schweiz erinnert, über Sörup mit seiner von einem Löwenportal gestützten **Wehrkirche**; hinter Süderbrarup geht es über eine Klappbrücke über die Schlei Richtung Eckernförde. Von Eckernförde fährt der Zug durch den **Dänischen Wohld** und läßt dabei einige Ausblicke auf die Ostsee zu. Über Kiel geht es weiter in die Holsteinische Schweiz. Hinter Preetz fährt der Express mit hundert Sachen vorbei an den Seen dieser Landschaft. Plön fliegt vorbei, dann kommt schon Malente in Sicht, ehe es weiter nach Eutin und Bad Schwartau geht. In Lübeck ist Endstation – eine Reise quer durch die Vergangenheit mit der Bundesbahn von heute.

Es lohnt sich natürlich, die Fahrt immer wieder zu unterbrechen. Die Bahn fährt durch Gegenden, die mit dem Auto oft nur schwer zugänglich sind. Das heißt, in der Regel fährt man einfach an den schönsten Plätzen vorbei, weil der Verkehr es nun einmal so will. In diesem Sinn ist der Förde-Express eine romantische Angelegenheit. Die Zeit wird nicht zurückgedreht, sondern gewissermaßen angehalten.

Auskunft: über die Bundesbahn
Dauer: ca. 3 Stunden
Länge: 161 km
Karte: → Klappe vorne

Renaissance-Prunktreppe am Lübecker Rathaus

Auskunft

**Fremdenverkehrsverband
Schleswig-Holstein**
Niemannsweg 31
24105 Kiel
Tel. 04 31/56 00 25

**Arbeitsgemeinschaft Urlaub auf
dem Bauernhof**
Landwirtschaftskammer
Schleswig-Holstein
Holstenstr. 106–108
24103 Kiel
Tel. 04 31/9 79 72 39

Camping

Die gesamte Ostseeküste ist geradezu gespickt mit Campingplätzen.
Allerdings sind viele Camper Dauer-
camper, so daß sich eine rechtzeiti-
ge Anmeldung empfiehlt. Über den
Fremdenverkehrsverband Schleswig-Holstein ist ein Sonderprospekt
Camping zu beziehen.

Caravan

Immer mehr Urlauber wollen sich
nicht mehr mit einem Zelt oder einer einfachen Hütte bescheiden.
Ein Haus auf Rädern ist da genau
das Richtige. Der Boom der rollen-
den Häuser macht sich zur Sommer-
zeit auch auf den Straßen und Parkplätzen Schleswig-Holsteins bemerkbar. Mittlerweile wird für diese
Form des Tourismus gut gesorgt.
Auf den Campingplätzen sind meist
spezielle Abteilungen für sie reser-
viert. Tagesgäste können ihre Was-
serbecken auffüllen. Aber auch in
Schleswig-Holstein gilt: Das Übernachten auf öffentlichen Parkplätzen
ist nicht gestattet. Auch wenn die
Polizei im Sommer so manches
Auge zudrückt.

Fährverbindungen

Von fast jedem Hafen an der Ostseeküste kann man Butterfahrten
oder Fahrten nach Dänemark unternehmen. Die EU hat vor einiger Zeit
die Große Ration untersagt, also
fahren die Butterschiffe nur noch
die kürzeren Routen. Über den
ADAC in Kiel ist ein Faltblatt zu bekommen, das über sämtliche Fähr-
verbindungen in die skandinavischen Länder informiert.
ADAC
Saarbrückenstr. 54
24114 Kiel
Tel. 04 31/6 60 20

FKK

Hüllenloses Baden oder Sonnen ist
in Schleswig-Holstein kein Problem.
Beliebt bei Familien ist der Weißenhäuser Strand. Ansonsten haben
einzelne Strände besondere FKK-
Bereiche ausgewiesen und jeder ist
frei, zu tun und zu lassen, was ihm
gefällt (→ Sport und Strände).

Herrenhäuser

An der Ostsee gibt es noch 140
Herrenhäuser. Die meisten befinden
sich in Privatbesitz, und die Besitzer
sehen es gar nicht gerne, wenn
Fremde in ihrem Garten herum-
streunen. Über den Fremdenverkehrsverband Schleswig-Holstein ist
eine Liste mit den Herrenhäusern zu
bekommen, die besichtigt werden
können.

Kinder

Kinder bis zu 14 Jahren können mit
einem Kinderpaß, der bei den Kur-
verwaltungen und in den Verkehrs-
ämtern zu bekommen ist, Veranstaltungen preisvergünstigt besuchen.

Kurtaxe

Viele Gemeinden sind auf diese
Form der Geldschneiderei angewie-
sen, weil sie sonst kein Geld hätten,
ihre Strände sauberzuhalten. Trotzdem kann man überall an der Ostseeküste baden, ohne seinen Obu-
lus zu entrichten.

Medizinische Versorgung

Notarzt
Tel. 1 12
Pollenflugvorhersage
Tel. 1 16 01 (Flensburg, Heide, Kiel,
Lübeck), sonst Tel. 01 16 01
April–Aug. Mo–Fr 10–18 Uhr

Naturparks

Naturpark Aukrug
Tel. 0 48 73/14 55

Naturpark Holsteinische Schweiz
Tel. 0 45 23/23 56

Naturpark Hüttener Berge
Tel. 0 43 53/8 13

**Naturpark Lauenburgische
Seenplatte**
Tel. 0 45 41/20 06

Naturpark Westensee
Tel. 0 43 92/48 66

Notrufe

Pannendienst ADAC
Lübeck
Tel. 04 51/1 92 11
Kiel
Tel. 04 31/1 92 11

Polizei
Tel. 1 10

Post

Die meisten Postämter haben
Mo–Fr von 8–12 und 14–18 Uhr
geöffnet. Filialen auf dem Land können schon mal eher schließen.

Es geht auch umweltfreundlich – Energiegewinnung durch Windräder

Seewetterbericht

Tel. 1 15 09 (Flensburg, Heide, Kiel, Lübeck), sonst Tel. 01 15 09

Wirtschaft

In Schleswig-Holstein leben auf einer Fläche von 15 730 qkm 2 594 600 Menschen, die ein Bruttosozialprodukt von 85 Milliarden DM erwirtschaften. Kiel als Landeshauptstadt ist mit 243 000 Einwohnern zugleich die größte Stadt des Landes. 74 Prozent der Bevölkerung sind evangelisch, 6 Prozent katholisch, Sonstige 19,7 Prozent. Schleswig-Holstein wurde im Jahr 1992 von 4,1 Millionen Urlaubern besucht, darunter 490 000 Ausländer.

Zeitungen

In Schleswig-Holstein regiert der Schleswig-Holsteinische Zeitungsverband, der auch maßgeblich an dem Privatsender »RSH« beteiligt ist. Sein direktes Einflußgebiet reicht von Flensburg bis nach Neumünster. Die Hauptstadtzeitung sind die »Kieler Nachrichten«. Daneben existieren noch eine Reihe kleinerer Lokalzeitungen. Lübeck wird dagegen von Springer regiert. Die Lübecker Nachrichten sind fest in Hamburger Hand. Auch das Umland mit seinen kleineren Regionalzeitungen wird von Springer beherrscht. Es gibt also ein journalistisches Nord-Süd-Gefälle. In der Qualität unterscheiden sich die Zeitungskonkurrenten allerdings nicht wesentlich.

Eine Besonderheit sind die Lokalausgaben auf den Nordseeinseln. Dort stehen die lokalen Ereignisse im Vordergrund der Berichterstattung und manche Zeile wird mit einem Bericht über die Eröffnung eines neuen Geräteschuppens der örtlichen Feuerwehr gefüllt. Ausführlich widmet man sich dem Sport, die große Politik zählt weniger.

Die genauen Klimadaten am Beispiel von **Kiel**:

	Durchschnittstemperaturen in °C		Sonnenstunden	Regentage
	Tag	Nacht	pro Tag	
Januar	2,2	-1,9	1,3	18
Februar	2,7	-1,9	2,2	16
März	5,6	0,1	3,1	13
April	11,1	3,5	5,3	13
Mai	15,4	6,9	7,6	12
Juni	19,4	10,5	7,8	14
Juli	21,5	13,0	7,2	15
August	21,1	13,1	6,2	15
September	18,0	10,5	4,8	15
Oktober	12,6	6,7	3,0	17
November	7,4	3,1	1,6	19
Dezember	4,1	0,3	0,8	19

Quelle: Deutscher Wetterdienst, Offenbach

Alles dreht sich um den Fisch – Heringstage in Kappeln

13 000 v. Chr.
Die ersten altsteinzeitlichen Rentierjäger gehen nördlich der Elbe auf die Jagd und hinterlassen dabei Spuren. Einige Jahrtausende später entstehen die ersten Hünengräber, von denen sich immer noch einige hundert im Land erhalten haben.

100 n. Chr.
Der römische Geschichtsschreiber Tacitus macht sich Notizen über einige seltsame Volksstämme nördlich der Elbe und läßt sich dabei über ihre doch sehr primitiven Lebensgewohnheiten aus.

450
Angeln, Sachsen und Jüten begeben sich auf ihre große Fahrt nach England und nehmen die Insel in Besitz. Slawen aus dem osteuropäischen Raum rücken nach.

800
Der Grenzwall Limes Saxoniae soll Sachsen und Slawen trennen.
Er verläuft von der Kieler Förde bis nach Lauenburg.

808
Der dänische König Göttrik gründet Haithabu und läßt südlich von Schleswig das Danewerk errichten, eine Ziegelsteinmauer, die sein Reich gegen die Franken Karls des Großen sichern soll.

830
Der Mönch Ansgar beginnt seine Missionierung der Heiden im Norden.

1030
Kaiser Konrad II. verzichtet auf die Hoheitsrechte in dem Gebiet zwischen Eider und Schlei. Die Eider wird damit zur Nordgrenze des Heiligen Römischen Reiches Deutscher Nation.

1066
Der Wikingerhandelsplatz Haithabu an der Schlei wird durch Slawen zerstört und muß aufgegeben werden.

1111
Graf Adolf I. von Schauenburg wird Lehnsherr von Holstein und Storman.

1158
Heinrich der Löwe gründet Lübeck.

1227
In der Schlacht bei Bornhöved erlebt das dänische Königreich eine vernichtende Niederlage. Das dänische Imperium an der Ostsee bricht zusammen.

1386
Schleswig und Holstein sind unter der Herrschaft der Schauenburger Grafen zum ersten Mal vereint.

1470
Der dänische König Christian I. wird zum Landesherrn über Schleswig und Holstein gewählt. In dem Vertrag von Ripen, dem damaligen Ribe in Dänemark, garantiert der König die Untrennbarkeit der beiden Ländereien, »up ewig ungedelt«.

1474
Kaiser Friedrich III. macht Holstein zum Herzogtum.

1660
Nach den Schwedenkriegen wird Gottorf vom dänischen König für souverän erklärt.

1665
Herzog Christian Albrecht gründet in Kiel die erste Universität des Landes, die später seinen Namen tragen wird.

1762
Der Herzog von Gottorf kommt als Zar Peter III. auf den russischen Thron. Damit fallen Schleswig und Teile von Holstein an das russische Reich. Nach dem Tod von Zar Peter gibt Rußland seine Ansprüche auf die Herzogtümer auf.

1815
Holstein und Lauenburg treten auf dem Wiener Kongreß dem Deutschen Bund bei.

1848
In den Herzogtümern erheben sich republikanisch gesinnte Schleswig-Holsteiner gegen die dänische Zentralmacht, die die Herzogtümer endgültig in den dänischen Gesamtstaat einverleiben will.

1850
In der Schlacht bei Idstedt werden die Aufständischen von den dänischen Regierungstruppen vernichtend geschlagen.

1864
In der Schlacht von Düppel entscheidet sich das Schicksal der Herzogtümer. Die vereinigten Preußen und Österreicher überrennen die dänischen Stellungen. Die Herzogtümer und Lauenburg müssen von den Dänen abgetreten werden.

1867
Schleswig-Holstein wird zur preußischen Provinz, nachdem die Preußen aus dem Krieg mit Österreich als Sieger hervorgegangen sind. Verwaltungshauptstadt wird Schleswig.

1882
Die Segelturns des Kaisers auf der Kieler Förde inspirieren die Stadtväter dazu, die »Kieler Woche« einzuführen.

1895
Der Kaiser-Wilhelm-Kanal – heute Nord-Ostsee-Kanal – wird eröffnet. Es ist die meistbefahrene Wasserstraße Europas.

1920
Nach dem verlorenen Ersten Weltkrieg wird eine Volksabstimmung unter internationaler Kontrolle befohlen, in der sich die Bewohner Schleswigs entscheiden müssen, ob sie wieder dänisch werden oder deutsch bleiben wollen. Der nördliche Landesteil entscheidet sich für Dänemark, der südliche für Deutschland.

1946
Schleswig-Holstein wird Bundesland, Kiel die Hauptstadt.

1955
In der sogenannten Bonn-Kopenhagener Erklärung sichern sich Deutschland und Dänemark gegenseitig den Schutz der jeweiligen Minderheiten zu.

1972
In Kiel finden die zweiten Olympischen Spiele nach 1936 statt.

1982
Uwe Barschel wird zum Ministerpräsidenten gewählt.

1987
Nach seiner Ehrenworterklärung nimmt sich Uwe Barschel in der Schweiz das Leben.

1993
Engholm, sozialdemokratischer Ministerpräsident stolpert über die Barschel-Affäre und muß zurücktreten. Seine Nachfolgerin wird Heide Simonis, die erste Frau auf dem Stuhl des »ersten Mannes« im Staate.

ORTS- UND SACHREGISTER

IMPRESSUM

WICHTIGE INFORMATIONEN

An unsere Leserinnen und Leser:

Wir freuen uns, Ihre Meinung zu diesem Reiseführer zu erfahren. Bitte schreiben Sie uns, wenn Sie Berichtigungen und Ergänzungsvorschläge haben oder wenn Ihnen etwas besonders gut gefällt:

Gräfe und Unzer Verlag
Reiseredaktion
Stichwort: MERIAN live!
Postfach 40 07 09
Isabellastraße 32
80707 München

1. Auflage 1994
© Gräfe und Unzer Verlag GmbH, München

Lektorat: Claudia Strand
Bildredaktion: Claudia Strand
Kartenredaktion: Dagmar Piontkowski

Gestaltung: Ludwig Kaiser
Umschlagfoto: H. Sobik/Strand bei Travemünde
Karten: Kartographie Huber
Produktion: Helmut Giersberg
Satz: Hubert Feldschmied
Druck und Bindung: Stürtz AG
ISBN 3–7742–0262–1

Fotos:
G. Amberg 18
K. de Cuveland 22, 24, 55, 64, 79
R. Freyer 20, 81, 87, 89, 117
O. Heinze 4, 30, 80, 93, 121
J. Jepsen 12, 25, 50, 56, 110/111, 114
Silvestris/Korall 11, 29, 41, 60;
Redeleit 9; Stadler 7, 58, 95
H. Sobik 27
Transdia/Hänel 2, 16, 32, 36, 37, 51, 53, 66/67, 73, 77, 90, 97, 105, 113;
Schmidtke 5, 14, 19, 23, 47, 82, 98/99, 100, 101, 102, 107, 108, 109, 112, 115, 119

Dieses Buch wurde auf chlorfreiem Papier gedruckt